瞭解你六歲的孩子

黛博拉·史丹納 著
(Deborah Steiner)

黃意舒、黃旦 譯

三民書局

國家圖書館出版品預行編目資料

瞭解你六歲的孩子／黛博拉·史丹納
(Deborah Steiner) 著；黃意舒，
黃旦譯.-- 初版.-- 臺北市：三民，
民85
　　　面：　　　公分
譯自：Understanding　your　6
　　　year old
參考書目：面
ISBN 957-14-2435-8 (平裝)

1.兒童心理學

173.12

國際網路位址　http://sanmin.com.tw

© 瞭解你六歲的孩子

著作人　黛博拉·史丹納 (Deborah Steiner)
譯　者　黃意舒　黃旦
發行人　劉振強
著作財　三民書局股份有限公司
產權人
　　　　臺北市復興北路三八六號
發行所　三民書局股份有限公司
　　　　地　址／臺北市復興北路三八六號
　　　　郵　撥／○○○九九九八——五號
印刷所　三民書局股份有限公司
門市部　復北店／臺北市復興北路三八六號
　　　　重南店／臺北市重慶南路一段六十一號
初　版　中華民國八十五年九月
編　號　S 52075
基本定價　肆元肆角
行政院新聞局登記證局版臺業字第○二○○號

ISBN 957-14-2435-8 (平裝)

盧序 — 愛他・請認識他

　　淘氣「阿丹」上學的第一天，帶了個「阿丹塑像」及「錄音機」到教室上課。

　　原班老師久聞「阿丹」盛名，第一天上課就請病假，由代課老師上課。代課老師問阿丹怎麼才剛上課就「不安於室」的搬出「塑像」和「錄音機」。阿丹指著阿丹塑像說：「『他』是來代替我上課的，你瞧！他最乖了，不吵也不鬧！錄音機是用來錄音你講的課，因為我媽媽說你講的每一句話我都要記住。有了這些道具，我是不是就

可以出去玩了呢?」代課老師說:「你簡直亂來,怎麼可以找人代替上課呢?」阿丹理直氣壯的說:「可以有『代課老師』, 為什麼不可以有『代課學生』呢?」

這個個案裡說明了當今教養與教育上的諸多問題,如果父母與老師瞭解孩子的發展與需求,也許「暴走族」的孩子就不會產生了。為了讓2000年的臺灣孩子有更生動活潑, 以及更人性化的學習環境, 上至教育部、教改會, 下至民間各個團體紛紛卯足熱勁, 扮起教育改革的「拼命三郎」。在參與及推動教育改革的過程中, 我和一起工作的老師、父母們有快樂歡愉的經驗, 但也有黯然神傷的時候, 最重要的原因在於成人往往忽略孩子各個階段的發展與個別差異的需求, 這也正是現今「教育鬆綁」窒礙難行之處, 真愛孩子就必

須為孩子量身訂做適合孩子成長的學習環境。

　　三民書局為使父母與老師對孩子的發展能更瞭解與認識，同時對孩子的各種疑難雜症，能有「絕招」以對，將採由E. 奧斯朋(E. Osborne)主編「瞭解你的孩子」(*Understanding Your Child*) 系列叢書，聘請學理與實務經驗俱豐的專家譯成中文以饗讀者。希望藉此，讓父母與教師在面對各個不同的個案時，能迎刃而解。同時在「琢磨」孩子的過程中，也能關照孩子的「本來」。

　　從初生到二十歲這一成長階段的關注與指南，在國內的出版品中仍屬少見。除了謝謝三民書局劉振強董事長及編輯同仁的智慧與愛心外，更盼你從這些「珍本」中，細體孩子追趕跑跳碰的童年，以及狂狷青少年的生理與心理上的種種變化與特徵。

愛孩子是要學習的，讓我們從認識孩子的發展與需要著手，然後真正的「因材施教」，使每個孩子健健康康、快快樂樂的成長與學習。

盧美貴

於臺北市立師範學院

民國85年8月1日

診所簡介

　　泰佛斯多診所 (The Tavistock Clinic)， 1920
年成立於倫敦，以因應生活遭遇到第一次世界大
戰破壞之人們的需要。今天，儘管人與時代都已
改變了，但診所仍致力於瞭解人們的需要。除了
協助成年人和青少年之外，目前泰佛斯多診所還
擁有一個大的部門服務兒童和家庭。該部門對各
年齡層的孩子有廣泛的經驗，也幫助那些對養育
孩子這件挑戰性工作感到挫折的父母。他們堅決
表示成人要盡早介入孩子在其成長過程中所可能

出現的不可避免的問題；並且堅信如果能防患於未然，父母是幫助孩子解決這些問題的最佳人選。

　　因此，診所的專業人員很樂意提供這一套描述孩子成長過程的叢書，幫助父母們認識孩子成長過程中的煩惱，並提供建議以幫助父母思考其子女的成長。

著者

　　在倫敦大學完成語言學學位後，黛博拉·史
丹納 (Deborah Steiner) 曾擔任一所小學的兼職教
師，並為英國廣播公司 (BBC) 的廣播學校和獨立
電視公司 (ITV) 兒童電視節目寫稿。她在泰佛斯多
診所接受訓練成為一名兒童心理治療醫生，現在
她以資深兒童心理治療醫生的身分在恩菲爾德兒
童與家庭服務中心 (Enfield Child and Family
Service) 工作，亦是泰佛斯多診所的客座學者之
一。黛博拉·史丹納曾在心理分析學院接受過心

理分析醫生的訓練，目前也在一家私人診所擔任

心理醫生的職務，現已婚並有三個子女。

　　她的著作包括《國內家庭和生活現狀》(*The Internal Family and The Facts of Life*)，刊於《心理分析治療雜誌》(*Journal of Psycho-analytic Psychotherapy*)(1989年)第四卷第一期。

目錄

前言

當我一歲時，我正逢起源；

當我兩歲時，我還是新芽；

當我三歲時，我幾未成形；

當我四歲時，我還是不足；

當我五歲時，我才甦醒；

但現在我六歲了，我愈長愈聰明，

所以我想，六歲的現在能永續不斷。

         A. A. 米爾恩(A. A. Milne)

    這是A. A. 米爾恩（英國幽默作家）寫的

《我們現在六歲了》(*Now we are Six*)這本書中的最後一首詩，它運用巧妙的幾筆，就抓住了孩子對發生在他們生命中的重要變化的感覺。六歲孩子正告別幼兒期走向兒童期，現在正要上學。如

果一切順利，開始上學的困難會在這一年的早期階段得到解決，而其餘時間孩子可以集中精力在這世界尋得一席之地，而且發展出新的智能。

到了這個階段，孩子的抽象思維能力大大增

強，並且能用以前他們不可能有的方式來想像事物。比如，他們不僅可以數到十，而且擁有關於「十」這個數群的概念。他們開始能夠理解，即使你把十個物體遮蓋起來或到處移動，它在數量上也不會有變化。這在大人看來是太簡單了，以至於很容易低估孩子為達到這一步所付出的努力和毅力。

六歲孩子現在缺少的是經驗。在這一階段，大多數孩子都渴望知道自然世界「為何和何故」，這種充滿好奇心的特性，使得我們有興趣與他們相處並樂於教育他們。

從六歲到十二歲這一時期，通常被稱作「潛伏期」。這術語的含義是：幼兒先前對身體的感覺和機能——特別是對他自己和父母的——其專注程度開始消退，並且被迸發出來的智力活動所

取代。這種分離意識在一週歲末就已發生，但現在更加堅固地建立起來。現在，潛伏期的孩子正把他們的注意力轉移到尋找更廣闊的世界，以及他們所擁有的地位。

六歲的孩子在某種程度上已有能力控制緊繃的情緒，並且把情緒轉入更為有序和熟思的探索中，以便可以運用自己的心智去發現周圍的世界。在本書中，我們將思索六歲孩子如何把先前經驗應用在外在環境，並藉此發現更多有關於他們自身的力量和限度。

在這套叢書的前幾冊中，我們已經談到，孩子是如何慢慢地對外面世界產生興趣並投身進去：從認識母親開始，然後是雙親，再來是家庭，現在，又走出家庭。他們也對感情和親屬關係感到興趣——甚麼原因使得其他人這樣做？甚麼原

因使得其他人不同於自己，不同於自己的家人？
感情，像愛、恨、友誼、敵意、競爭、嫉妒，繼
續在孩子的社會生活和智力生活中發揮極重大的
作用。

　　閱讀本書的父母將會發覺六歲的孩子會提出
無窮盡的問題，諸如事情是怎樣進行的？為甚麼
某些事情會發生？由於孩子的直率，他們的問題
常常令人吃驚，甚至令人困窘。關於這方面的問
題隨後在本書將作討論。

　　在這一年中，孩子的興趣愈來愈遠離家庭，
而轉移到校園生活，這是個明顯的變化。在學校
裡，和同學、老師的關係變得十分重要，而且這
些關係的變化，既可能使孩子的精神生活大為豐
富充實，也可能因處理不當而時常引起孩子苦惱
和焦慮。然而，無論六歲孩子適應得多好，學習

新東西的興奮參雜在與同學或新接觸的老師相處所產生的壓力中，組成了興奮與疲倦交織的日子。

同時，這也是孩子生活中一個興奮和自由的時期。對父母而言，困難的部分在於，既要給予孩子鼓勵與支持，同時又不得不容忍孩子專注於處理自己的興趣和經驗，而把父母排除在外。本書的主旨之一就是討論一些有關此類的問題，以及在每日生活中父母面對六歲孩子所遇到的兩難問題。

在本書開始之時，必須加以說明的是，書中有關六歲孩子的很多事情也許對某些五歲或七歲的孩子也適用。由於孩子的興趣和能力不同，他們發展的速度有很大差別。然而，上學是個起點，孩子都共同擁有這些經驗，所以這也是本書的起點。

第一章

你的六歲孩子上學了

從家庭到學校的銜接

　　在人的生命周期中，有幾個重要的銜接時期，正式上學就是其中之一。在孩子的生活中，斷奶是第一次，而這也許是第二次大的銜接。斷奶這過程，通常

發生在孩子出生後第一年末，這是孩子邁向獨立的重要一步，嬰兒開始吃固體食物並逐漸中斷母乳。斷奶以前，無論是否母親哺母乳，哺乳關係中都體現出親近與密切，然後，無可避免地要讓孩子更能體驗自己與母親是分離的個體，這是培養嬰兒獨立過程中一個重要時期。斷奶和上學，每一次這樣的變化，都是孩子邁向成熟之路中的巨大一步。

銜接時期既是開始也是終結，因此，人總是會為失去曾經擁有的東西感到一些悲哀，同時因新的開始而充滿希望和快樂。

這似乎令人驚訝，孩子很明顯的是在不斷努力成長並因此得到鼓勵，竟然也會對逝去的嬰兒時期惋惜。在銜接時期，孩子身上的嬰兒行為時常故態復萌，多數父母對此很熟悉，例如，有時他們變得過分激動或緊張，他們突然要像嬰兒一樣被抱一抱，或者甚至要

用奶瓶吃奶。

我很想知道，本書的讀者中有多少人能記得開始上學的那一天？當時你是懷著興奮的期盼還是多少感到有些恐懼？如果你有一個已經上學的哥哥或姐姐，你一定會熱衷於去瞭解更多他們過去如何面對家庭以外這個陌生世界的經驗。做算術是怎麼回事？怎樣學習寫字？也許你還記得穿新校服，背著裡面放著書和鉛筆的新書包等等。就是借助這一些具體的東西，構成你對這新天地的印象。或許你還有一些記憶，最終你也能夠看書與寫字，就像大人所能做的一樣。

如果回憶自己讀書的經歷，哪方面你感受最深刻？孤獨的感覺？可能是因為第一次獨自面對困難時沒有父母在旁邊？或者是在你被叫到名字站起來回答問題而手足無措的那一刻？也許讓你深深難忘的是嶄新而興奮的經歷所帶來的快樂？

無論你的記憶中保留著甚麼，當你第一次領兒子或女兒去學校時，某些記憶很可能再次活躍，並對你扮演父母角色有很大幫助，這些記憶使你能夠理解孩子的心情。當然，有時如果這些記憶是不愉快的，那麼，預防這些記憶對你的判斷產生影響恐怕是必要的。你的孩子去的學校似乎在很多方面不同於你記憶中的那所學校，因此，你將發現需要調整自己的理解。

對開始上學的六歲孩子而言，最大的變化是他們對父母意像之關係的變化。現在他們必須更獨立，這意味著他們要為自己的需要承擔起更多責任。換言之，在某種細微程度上，他們成了自己的父母。這一過程自出生以後就一直進行下去，但是在這個銜接的時刻，孩子面臨著獨立需求的突增。

明顯可見的是，小孩子離開母親或照顧他的親人時，所產生的憂慮不安在程度上是不同的。大多數六

歲的孩子能夠在一天中獨處一段時間，可能他們在幼稚園或托兒所時就已經這樣做。或許他們在幼稚園裡已經歷過這方面的幫助，一開始讓母親和孩子先待一會兒，使母子分離的過程漸漸進行。然而當一些孩子開始讀書時，他們仍會感到分離的困難，這種悲傷可能藉由與母親分手時大哭公開表達出來，也可能用間接的方式加以反映，如夜裡睡覺突然驚醒，或是早晨上學前發生肚子疼和頭痛。

面對這種身體上的症狀，父母如何作最好處理是相當不易的。當然，考慮到孩子的健康狀況，當他們身體不適時不送他們去學校，但要斷定這頭痛或肚子疼是否馬上會好是相當困難的，而有時毫無疑問地會弄錯。然而，如果想到這些症狀可能是孩子以一種訊息在表示他感到上學有點難以忍受，這可能會幫助父母瞭解真相。父母也許發現承認孩子的這種困難有助

於和孩子討論並幫助孩子克服，也能和老師談論以便使老師更能感受孩子的這種困難，也能分享老師對孩子的經驗。如果老師已經注意到這方面的跡象，也許可以使你安心。

此時，孩子面對自立的新要求，他們會採取很多不同的方法加以應付，有一些孩子回復早期的行為模式，希望在家中得到更多照料，並且像嬰兒一樣被看待，似乎以此寬慰自己他們並未失去父母。另一些孩子則以相當獨立的行為作出反應，一有機會就表現自立能力。比如莎莉 (Sally)，就堅持獨自上學，而她姐姐則有點害怕並希望和她結伴而行。這就是莎莉處理自己情感弱點的方式，她試圖藉此說服自己能夠解決這一難題，儘管內心還存有一些疑慮。

為開始上小學準備

上學前，大部分孩子已經耳聞過周圍的人談論學校。他們可能有已經上學的哥哥或姐姐。如果沒有，他們也會結識其他上學的孩子，而且毫無疑問地他們會

抱著極大好奇心去探索更多有關學校的事情。當他們感到上小學與上幼稚園、托兒所有些不一樣時，他們多半會充分意識到上學的重要性。

孩子對於上學所抱的期望有很大差異。因此，開始上學前讓孩子談談他們的期望，使他們有機會以更具體的方式來思考這些期望，同時把這些期望和孩子過去的經歷聯繫起來，這會對他們有很大幫助。提供上述討論的方式十分多樣，比如，你可以讀一些對學校有較詳細描寫的小說給孩子聽，這樣你就有機會從孩子的議論中瞭解他們內在的想法，並且能夠去糾正留駐於孩子腦中的任何不正確想法。

要求更獨立、要求能夠獨自安排部分日常生活，意味著不需成人幫助而能自己穿衣服、繫鞋帶、扣衣服釦子。孩子不得不與一個陌生的大人打交道，這個人不會像父母一樣對他們瞭若指掌。上學之前選擇衣

著可以提供另一個談論學校的好機會。討論為甚麼挑選容易穿著的衣服，像無需繫尼龍接布的鞋子，腰部是鬆緊帶的褲子，穿與脫都方便的裙子，以及為了便於遊戲，為甚麼這樣做是必要的等等。

和孩子談談你自己讀書時的經歷，是另一個談論有關上學的機會。在這樣的交談中，話題會進行得相當自然。孩子常常十分有興趣聽父母談小時候的經歷。想到大人也曾經是像他們一樣的孩子，他們常常感到不可思議。

許多學校在開學前有一個訪問日，給孩子領略學校的滋味，使他們在上學前的這一調節階段中對學校有一些瞭解。

學校世界

　　所有的孩子會由以前的經歷建立某些期盼，尤其

是從那些對他們有重要意義的大人的家庭生活經驗。他

們會瞭解大人對他們可能的反應，比如，大人是否希

望他們獨自處理這些事。當他們上學後，對老師的看法必然受到這些期盼的影響。例如一個孩子很可能希望當他遺失甚麼東西時老師會為他找回來，然而老師卻告訴他，首先應該自己試著去找。

比起在托兒所或幼稚園，小學更加希望孩子遵守並參與預定的計劃。一個孩子若來自對日常生活規則抱持無所謂態度的家庭，可能感到難以適應教室裡較嚴格的規範。和老師建立的關係與和母親建立的關係有某些相似，但也有很大的不同。這個年齡時期的師生關係可以達到親密的程度，足以與母子關係相比，但是也存有一些疏離感，而這可以給予孩子一些新體驗。當孩子開始慢慢瞭解老師，並且能對老師的個性有所反應，他們就能夠修正自己對學校的理解。

大部分學校的一般作法是將班級組織起來，使同年齡的孩子由某一老師任教。六歲孩子仍然需要有一

個可以不斷關心他們的老師，而這樣的安排使老師更有可能去好好瞭解所有的孩子。

　　潘蜜拉(Pamela)的媽媽清楚知道上述作法的必要性。在第一個學期就已經愉快適應學校生活的潘蜜拉，曾為上學感到害怕和苦惱，她的媽媽為此十分擔心。令她媽媽困惑不解的是，潘蜜拉說她每天的各種課程是由不同老師來上的。於是潘蜜拉的媽媽到學校對老師談及此事，老師告訴她，學校要求老師分開上語言課和數學課，因而潘蜜拉有不同老師。對潘蜜拉而言，這意味一天要隨著三個不同的老師分割為不同單元。潘蜜拉的媽媽知道，其他的孩子也因此不快。不久後，學校決定恢復原來的一套作法，使孩子主要跟著一個老師。一旦潘蜜拉感到再次只和一個大人在一起從而有安全感時，她的變化就十分明顯了。

　　進入學校能提供孩子一個機會，使他們有機會以

不同方式來擴大對各種關係的認識。六歲的孩子現在
發現自己是團體中的一員，這個團體可能約有二十個
孩子，這減少了隨心所欲的自由。意識到自己是大群
體中的一個成員，就意味著必須學習新的技巧來處理
關係。六歲孩子仍然處在學習怎樣和別人互相合作玩
耍的階段，必須具備瞭解別人需要的能力。然而，只
有當他們充分體認到自己沒有受到威脅時，才能做到
這一點。

　因此，具有相當程度的成熟才有能力共同玩耍。
如果我們注意看一下學齡前孩子那種所謂的合作遊
戲，仔細觀察後可能會發現，當兩個孩子一起遊戲，這
活動很大程度上是由其中一個小孩來決定的，這個孩
子為同伴制訂了遊戲的每一個細節。在遊戲中，當那
個被動的孩子不再樂意充當原先的遊戲角色時，遊戲
常常也告結束。一個真正的合作遊戲需要更好的協商，

要瞭解並接受他人的需求及自己的需求，這個過程需要具備容忍挫折的能力。

下面是兩個五歲孩子的例子。兩個小孩正在玩玩具火車，他們忙於建築鐵路，各自把車軌一點點接上去。一會兒，其中一個開始造一條側線，但是另一個小孩反對並告訴他挪到其他地方。這小孩沒有抗議並按照同伴的話去做，然後以自己的方式繼續玩火車。但是他的同伴再次要他不要這麼做，他又順從了。等到對方衝撞了他的火車，這時，他堅持自己的願望不讓步，然後對同伴抗議道：「不許你撞我的車。」這樣的兩個孩子無法參與雙方互讓的遊戲，在這種階段，他們仍然不能充分容納彼此的需求。

孩子的學校經驗

　　考慮到開始上學帶來的影響時，重要的是記住孩子能夠經驗到的興奮和樂趣。六歲孩子每天對周圍世界更感興趣，而在學校裡有大量新信息和新體驗呈現

於他們面前。

六歲孩子如何處理這種挑戰？在一開始，家長會發現下面的情況是很平常的，即上學後沒多久，孩子會十分疲倦，有時回家後在吃飯時就睡著了。就上學要付出努力來看，產生這種現象並不令人驚訝。

雖然如此，大多數孩子確實得以成功處理這種情況。他們主要依靠自己的老師。對他們來說，老師在他們的生活裡將成為一個十分重要的人物。在前面我已指出孩子會依照過去歲月裡大人對待他們的一般作法而建立起期盼，這些期盼基本上以他們以前與父母或親人的關係為基礎。處於六歲年齡的孩子仍然不能自主，他們需要父母形象或某些充分注意到他們需求的人，或在他們碰到非常困難的事情能提供支持的人。這些困難也許是與另一個孩子不合，或者是受到挫折後感到強烈的挫折感，甚至是因為欣喜萬分。孩子需

要感到在處理強烈情感或面對困難時，沒有任何情況是在他的掌控之外或會使他陷入無助。對老師而言，仍然必須提醒孩子外出要穿上大衣，同時替孩子排解矛盾，並且傾聽分享孩子取得成功的心滿意足。

假如一個老師能夠察覺孩子對當前的學習主題具有熱忱，而對另外一個主題興趣缺缺，顯然會大有助益。從前述的這種感覺中，你將體認到你擁有了自己的孩子，瞭解到有時不可避免地老師需要扮演家長的角色。

父母和老師

大部分父母會碰到這樣的場面，即孩子告訴他們：「我的老師說你應該這麼做。」家長和老師進行良好

的交流顯然是很有益處的，這能使孩子體會到在他的生活中這些重要的大人之間存在一種合作。這是一種讓父母和老師可以從不同角度來做事，而又能保持對彼此的好感的空間。

父母和老師的關係是重要的。然而，有時老師也會在父母心中惹起某些情緒而使這種關係變得複雜。可能因老師給了孩子不同的訊息，從而激起父母無端的焦慮而感到生氣；當家長和老師都要扮演父母的角色，並且關心同一個孩子時，在雙方之間產生敵意是無可避免的。很明顯地，讓孩子經驗這種衝突的關係是沒有好處的。另一方面，當家長和老師有良好的交流時，這是有益的，因為你能夠和一個真正對你的孩子感興趣的老師共同分享對孩子的感覺。

多數學校熱切希望在父母和老師之間培育良好的關係，並且鼓勵經常性的聯繫。比如，在一些學校，

可能請父母給予各種方式的幫助。這樣的安排有助於父母和老師之間進行交流時更加輕鬆自然。除了非正式的聯絡，所有學校都有家長老師商談時間，這就有機會讓父母和老師一起討論孩子的進步和發展。

現在我們開始回顧一下前面的內容。學校早期生活的重要性以及為之準備的重要性，有必要特別強調。無論如何，對學校生活的適應是一個主要的影響，並且會延續到下一年。因此，在本書後面的章節中，必然要轉到學校這個話題，包括所牽涉到的新關係、可能出現的問題、對六歲孩子的新學習要求。這些全視這一整年中，孩子的社會、情感和智力的發展基礎而定；但是，同樣確實無疑的是，良好的學校經歷也會促進這些發展。也許無需特別說明，家庭仍然是六歲孩子安全感和自信心的來源，我們也會努力顧及這一方面。

第二章

思考與學習

一旦六歲的孩子上了學，家長關心的焦點很可能是他們在讀、寫、做數學方面的成績。家長擔心孩子是否在良好的教育出發點上起步是可以理解的。同樣地，在這一階段中，孩子是否能獲得應有的能力是決定於有技巧而有愛心的教學，這一點亦廣受認同。但是，同樣重要的是要去瞭解：孩子的能力及性向無論在深度或廣度上仍存在多樣的差異。事實上到現在為止，六歲孩子的特長和弱點是甚麼還不明確。當孩子看起來反應遲緩或落後別人，父母當然十分著急，但事實證明，在小學最初一、兩年表現不佳的孩子，到了中年級或高年級會突飛猛進。在貿然斷言孩子智能不足之前，這是值得父母謹記在心的。

智力的本質

智力的問題既複雜又棘手，因為在孩子智力發展

的速度和方向上，有眾多的因素在起作用。在某種程度上，智力是遺傳的，也許慶幸的是，這是父母所無法控制的。然而，大家也已普遍認識到，情緒的因素和嬰兒早期的經歷，對孩子在藉由學習以發展智力的能力上有極為重要的影響。在同一家庭裡，通常有這種情況，六歲的弟弟看起來比哥哥在六歲時聰明，或者發展得快一些。有時這就會使人產生如下的假定：一個活潑外向或愛說話的孩子比起不好動或有孤獨沈默

個性的孩子來得聰明。實際上，情況可能恰恰相反。

儘管如此，父母和孩子都必須體認到能力和性向都存有實際的差異，並且去接受它，因為這種差異無疑地會造成困難。據一位母親說，她的女兒若伊(Zoë)將近七歲，已開始不斷追問父母是否愛她，這使他們夫妻感到內疚而擔憂。若伊有一個姐姐，最近在學校裡得了特殊獎學金，父母自然很高興並且對她很滿意。這是一個十分看重學校成績的家庭，而這似乎使若伊感到憂慮，她擔心如果她沒有獲得如此優良的成績，她的爸爸媽媽是否還繼續愛她。若伊的父母最好能瞭解她的憂慮可能會隨著上小學這件事的迫近而擴大。對一個有哥哥或姐姐做了較了不起的事情的年幼孩子來說，當他在學校裡沒有能力取得類似於哥哥姐姐那樣的成就時，要保持一種求知的信心是相當困難的事情；而就父母而言，要為處在不同程度的孩子提供恰如其

分的鼓勵，同樣也是一個必須解決的敏感問題。

　　在生命的第七個年頭，當孩子逐漸成熟，並由周圍環境得到一些經驗時，很多心智能力就能有效利用。舉例來說，給一個五歲男孩看兩個同樣大小的塑膠球，他知道兩個球一樣大，但是將其中一個拉長成香腸狀，問他哪一個塑膠較多，這會兒他會說，香腸狀的那一個較多，「因為它比較長。」當他到了六歲半，他就會知道每個球的塑膠是一樣多的，儘管它們的形狀不一樣。同樣的情形，用兩個裝同等分量水的等量容器做這樣的實驗，當水從其中一個容器倒入另一個細長的容器時，五歲的小孩很可能以為水的總量發生了變化，但六歲或七歲的小孩就能夠知道液體的總量沒有因為容器形狀的改變而產生變化。在大人眼裡，一個塑膠球或一瓶水在量上並不會因為形狀或容器的改變而不同是非常清楚的，然而對於六歲小孩這並不是顯而易

見的，但他們開始會瞭解，儘管其中的一塊塑膠看起來要大一些，但是實際上應是一樣的。像這種智力發展上的躍進，並非在瞬間發生，而是要經過幾個月乃至於幾年的時間，而此時六歲的孩子對於世界正開始有興致勃勃而興奮的新看法。對父母而言，重要的是要理解六歲孩子在看待世界的方式上的確有差別，這將使他們對孩子的期望更實際些，並且不形成孩子過重的負擔。當一個孩子正在努力時，若家長常常發怒或憂慮，可能反映出他對孩子的敵意，或者覺得孩子必須更聰明些。

一個孩子，如果當他犯了錯誤或在理解上有困難時，就感到別人是因為他愚蠢而打發走他，將愈來愈不願意探求新的事情和問題，或者在這些方面愈發缺少毅力。當六歲孩子追求進一步的獨立自主時，仍然與父母有強烈的關聯，在他們涉足外界並努力學習時，

他們對父母的反應非常敏感。當孩子在求學和理解上有困難時，如果父母對孩子有耐心並且鼓勵他們，這種經驗會保留在孩子身上，並且能加強孩子以後獨自解決問題的耐心和毅力。

對立和競爭

當孩子互相嫉妒和競爭，很多父母會感到憂慮和煩惱，尤其當這些嫉妒和競爭十分緊張和強烈時。任何這種情感的跡象，似乎表示作為家長的已經失敗了，因而引起家長惡劣的感覺。這也許來自於一種不切實際的期望：一名優秀的家長應該能藉由周延的、公正的行為來消除孩子這些讓人困擾的情緒。其實我們知道，身為大人，在和家庭、朋友、同事發生聯繫時，眾

多諸如此類的情緒早已是每天生活的一部分。我們也知道這些情緒能使人煩亂，而且我們必須設法處理並控制住它們。儘管大多數人認為自己有時無緣無故地比別人更強，但是更多友好和友愛的感覺幫助了我們去對抗這些情緒。我們也經常努力用各種方法來避免這些令人不快的情感。

六歲孩子在面對學校的新壓力，確實會產生這樣的情緒。我們已經在本叢書的前面幾冊中看到，在孩子才幾個月的時候這些情感甚至就已存在。當父母關注兩個孩子，或更關注其中一個時，嬰兒就顯示出他的妒意和敵意。這些情感以及在家庭中所發展出來的處理方式，會伴隨著孩子進入教室，雖然少了一些粗暴和緊張，但將在孩子向老師學習以及孩子參與班級活動的過程中發揮重要作用。

在競爭中有一爭鬥的目標，即想要成為最好的、

最快的、最聰明的、最受喜愛的，或者任何事都要超過別人。競爭亦是要在世界中得到並保持一個有利的地位，開始是在家庭環境中，接著是在學校這個環境中。一個六歲或七歲的孩子很自然地會有優越感，甚至想要戰勝弟弟或妹妹。麗莎(Lisa)剛滿六歲，就像本書開頭那首詩中的孩子，她為自己已經六歲感到十分開心。麗莎得到一副新的拼圖玩具，並且拼得很不錯。她三歲的妹妹安娜(Anna)決心試一下，她把一些小圖片放進去，但根本不成功，惹得麗莎倏地站起來，帶著惱怒的誇張神情，一把抓過安娜的積木拼圖板，說：「你的拼板在這兒，笨蛋！看！這一個你拼起來才不會有甚麼困難。」你的孩子是否能以其較豐富的經驗來幫助比自己小的孩子？比如像麗莎那樣，是輕蔑的成分居多，或是以此作為手段，使弟弟妹妹感到自己愚蠢或比他差，這對雙方而言都是非常重要的。一個六

歲孩子，如果被允許在家裡任意踐踏弟妹或父母的情感，就很可能發現他在學校裡幾乎無法以正常健全的方式和同學、朋友競爭，因為他會認為由競爭而獲勝是有破壞性而且卑劣的。

競爭意識可以是正常而且有益的，因為它會激勵人們做得更好。六歲孩子在情感和身體的健康發展中仍然依賴父母，他們想得到父母的愛和鼓勵的願望一直十分強烈，尤其現在要在外面世界中建立個人地位時更是如此。孩子個性中所具有的競爭意識，在某種程度上也許是天生的，但是，孩子在學習過程中能夠建設性地掌控並且利用這種好勝心的能力，部分是取決於以前當他們事情做不好而沮喪和生氣時，父母協助他們度過的經驗。

競爭和敵對的情緒如果過於強烈，對於孩子的學習能力也會有嚴重影響。學會學習牽涉到懂得學習的

需求，也要懂得忍受因不懂帶來的不快。不能容忍這種狀況或者出現不懂時自感愚鈍的孩子，已經處於嚴重不利的狀況。

威廉(William)是個聰明的小孩，但是他的父母很為他擔心，因為他在學校裡不專心。老師發現他上課分心又愛搗蛋，他沒有如預期地進行學習。他的父母決定到當地的兒童指導診所諮詢。在第一次醫生與全家會面的過程中，威廉的一個妹妹將一幅畫拿給正與其父母交談的心理治療醫生看，這時威廉也在畫，他馬上停下自己的事情，以老成的口吻插入交談：「有時候，我妹妹的畫畫得很好。」威廉表明了他是怎樣難以忍受被忽視，也難以忍受讓他的妹妹得到注意或獎賞，因為這會使他害怕失去作哥哥所具有的優勢地位。他對妹妹這種強烈的競爭情緒，以及對妹妹得到重視時的嫉妒，使得威廉很快地在自己的活動中不專心，並

促使他試著走上老成得像個治療醫生那樣相當錯誤的道路。可以想見，要這樣的孩子專心學習是如何地困難。

學習困難也許來自於許多與孩子天生能力無關的因素。儘管我們必須知道六、七歲孩子的注意力持續時間有限，但是缺少專注力就是學習困難十分普遍的原因。這可以從大多數現代小學每天的時間表上反映出來，這些學校為孩子安排了充分的時間，以進行不同種類的活動。在這時期，不同個性的孩子的注意力和毅力也表現出很大差別。我們可以發現，要一個外向、好說話而又急切想與人閒談和社交的孩子坐下來並且持續工作，比一個安靜而內向的孩子要難得多。

如果家裡連續出現一些令人不安的事，例如有人病了，或是父母鬧離婚，孩子將會失去平衡，他接受事物的能力，以及思考和專注的能力，將會動搖。過

多經濟上的憂慮和恐懼使父母處於巨大的壓力之下，這勢必給六歲孩子帶來影響，因為他對父母的情緒很留心且很敏感。對處於困境中的父母而言，若有一個在學校適應困難的孩子，可能使父母認為無關緊要而不太關心，但是孩子身受壓力仍然要他若無其事，這有點過分。當然，影響孩子的因素可能來自於學校的環境，在學校孩子正力爭自己處理事情，比如，處理和一個最要好朋友的紛爭，或純粹是一場令孩子鬱悶的操場上之激烈爭鬥。這些事情多半得以解決，的確，有時需要更多的時間讓孩子獨自排解這種事，儘管這很痛苦。在這些場合，父母所能做的是把散亂的東西整理好，或者忍受孩子頃刻間的火氣、固執、學習效率下降等諸如此類的事。

當孩子對學校生活很感興趣並認真投入時，父母最難做到的事是忍受在孩子心目中的地位愈來愈遠離

中心：當孩子遇到擔憂的事情尋求磋商時，父母愈來愈不是他們的唯一人選。李維斯太太(Mrs Lewis)記得她搬新家時那段大變動時期，她的兩個孩子，六歲的安(Ann)和七歲半的麥克(Michael)不得不換到新的學校，對於該學校的許多方面李維斯太太都很滿意，並為孩子的環境變換不辭辛苦做了一些準備。然而，在上學的第一天她發現，該校中女孩子和男孩子有不同的遊戲時間，這意味著她的兩個孩子不能湊在一起玩耍，至少目前是這樣。當李維斯太太想到孩子在一個新環境中必須獨自面對一切時，感到很難過。慢慢地經過一個躁動不安和有點不愉快的時期後，她的兩個小孩結識了新朋友，在學校裡又開始感到十分快活。

有時，學習困難會對某個領域的活動產生較其他領域的活動來得大的影響，而發生的原因通常不明。舉例來說，前述的小男孩威廉，在閱讀方面非常出色，實

際上已超過他這個年齡的平均水準。然而，他的算術和寫作卻相當差。在那次諮詢上，威廉花了一點時間畫畫和遊戲，儘管其間常常停下來看看妹妹在做甚麼，但過了一會，他就到一個角落背對著大家坐下來，獨自翻看連環漫畫，並不時發出大笑。他似乎對房間裡

的所有事都不感興趣，並把所有人都扔在一邊。威廉的母親證實在這方面他有很強的能力，甚至當她想引起威廉的注意時，他顯然甚麼也沒聽見，這使得他母

親十分惱火。當然，沈浸於故事當中是很值得也很快樂的一件事，但威廉看來是藉此表明，在一個陌生的環境中他如何能夠利用這種能力控制任何不穩定的情緒，並且顯示出自己很有自信、很成熟。

威廉為抑制心中的焦慮所採用的方式是有害的，這在診所的聚談中得到證明。他要求去洗手間，當一個工作人員提議為他帶路時，他拒絕了並說自己認識路。他帶著很自信的神情離去，然而跟在他後面的工作人員發現，他根本不知道路而四處徬徨。要威廉承認自己不知道是很困難的。當他渴望證明自己成熟時，承認不知道也許會使他覺得自己渺小，並過度提醒他自己是個依賴別人的孩子。威廉努力在別人面前表現這種偽獨立、悠閒的姿態，然而，當他主動去做困難的數學或寫作時，我們就可以看到這種姿態多麼不堪一擊。

　　如果你的孩子的學習水準或注意力突然下降，這可能是一個暗示，暗示你需要調查發生了甚麼事，比如：可能是孩子受到欺負，或者是老師的態度使他害怕而嚇得說不出話來。更嚴重的是，如果一個孩子突然出現學習上的困難而表現不良時，很可能會受到老師的批評。正如疼痛暗示了身體狀況不佳，如果從這個觀點來看待孩子的改變，是會有所幫助的。學校和家長之間持續而相互支持的關係，將提供一個寶貴的空間來討論這些問題，並且決定需要採取哪些調整手段。

學習閱讀

　　在學校的第二年，學習閱讀仍舊是課程的重心。

正如本套叢書前面幾冊所強調的，說話和閱讀之間有密切的關聯。在最近一項針對學習過程所做的研究中發現了一個有趣的事實：一個熟悉文字節奏的三歲孩子會發覺在往後的階段中學習閱讀容易得多。這就強化了一個觀點，即唸故事和唱兒歌給孩子聽不僅有趣，而且也是學習過程中的一個重要階段。母親聲調的節奏感和抑揚頓挫對嬰兒的情緒狀況所引起的重大作用，已顯示在近來的心理實驗錄像中。如果你的孩子

在很小時就有人和他說話、聽他說話，之後有人朗讀給他聽，那麼以後，他們會非常善於聽別人說話與使別人理解自己的意思，這包含了使別人聽自己說話與去理解別人的意圖。這是一條底線，從這兒你的孩子將開始學習朗讀。等到孩子進入學校時，他面臨一個新的要求，他將要付出更多努力讓別人理解他。個人使用文字與發音是有習慣的，家人很容易理解，然而對老師和同學而言就沒這麼順利。通常到了六、七歲左右，這些語言上的問題大都會自行消失，然而，如果這些問題真是頑固而又令人頭疼，想想困難何在也許是有幫助的。

到了六歲，雖然孩子的詞彙有限，但大多數都能流利地交談。此時，說話能更有目的地表達想法、進行交流，不像早期，說話多是為了組成句子、辨認事物或給予某種解釋。當孩子必須學習以印刷符號出現

的字，那些他們在談話中早已運用自如但現在卻以不同方式呈現的字，學習閱讀的過程看起來簡直是退步到學習的慢車道。就孩子自身而言，這是一個艱苦的工作，並且要有耐心和毅力。大概在七歲時，大部分的孩子就可以朗讀簡單的故事，儘管不是很流利。在幫助孩子學習閱讀時，老師要十分仔細，要確定孩子不僅會讀這些字，而且能理解所讀的東西。有些孩子能很熟練地辨認、記憶字母和字彙，但對其意思可能一知半解。正因為如此，慢一點有時會更有意義。

　　給這個年齡孩子的書，最好要有一非常明確的結構：起頭、中間和結尾。這反映出六歲的孩子需要有一種連續感，一件事情繼續下去的感覺。也許這就是為甚麼很多童話作家在故事開頭就如此明確地用「從前……」，先給孩子一種愉悅的期待感，然後以令人滿意的「從此他們過著幸福快樂的日子」作結。結構簡

單更易於閱讀，而且在本質上也適合孩子對故事結構及其完整性的認識。這一年齡的孩子往往會有自己喜愛的書，並且喜歡把這些書讀了一遍又一遍，他們常常會對早已不耐煩的父母要他們將興趣轉移到某些新書上表示抗拒。一位父親回憶他的兩個孩子曾要求他一遍又一遍地讀《彼得潘》(Peter Pan) 的故事，他還滿懷疼愛地記得，如果他試著跳過一、兩頁，孩子們如何很快地注意到。

閱讀是一個發展的過程，有時會引起父母很大的焦慮。這可以理解，因為讀書在生活中是一個如此基本的需求。在瑪麗亞(Maria)剛滿六歲時，老師和她的爸爸、媽媽——蕭先生和蕭太太(Mr and Mrs Shaw)聯絡，因為老師很為瑪麗亞在學校裡不合群和孤獨而著急。然而在討論這件事的過程中，十分清楚地看出，蕭太太更加關心的是瑪麗亞學習閱讀不盡人意。老師認

為這的確是一個問題，但是他們不需要在這個時候過分為此擔心。在與蕭太太進一步的交談中，她表示她本人在學習閱讀時也曾碰到相當大的困難，儘管她慢慢地努力克服了它，但她還是為這感到慚愧。她看起來幾乎認定瑪麗亞一定也會有像她一樣的困難，而她說這些話的方式傳達了一種深層的不安與罪惡感，似乎是她已在不知不覺中將這些困難像傳染病似地傳給了她的女兒。當問她是否為女兒朗讀故事時，她迫不及待地說是——瑪麗亞每晚把她的讀本從學校帶回家，蕭太太會要她把書全部唸完。對於蕭太太而言，有件非常重要的事是：她必須覺察自己過分擔心瑪麗亞進步不夠，而阻礙她去感受到瑪麗亞的不快，從而給女兒增添了額外的負擔。對蕭太太而言，她的憂慮和愧疚很可能與她感覺有一個煩人的孩子而生氣有關，而瑪麗亞毫無疑問地會感受到這種情緒，心裡一定也充

滿痛苦。然後，一種緊張的氣氛圍繞在閱讀的話題上，瑪麗亞害怕使父母失望，更進而增加她閱讀的困難。

在這些早期階段，當你的孩子集中精力在辨認字母和字彙時，理解故事是相當困難的。有機會聽並理解大人所唸的故事仍然是學習過程中很重要的部分，並且將使你的孩子更想為了樂趣而去讀書。大多數的小學會在一天結束前抽出一點時間，讓孩子坐在一起，由老師讀故事給他們聽。這樣的安排出於如下的考慮：六歲小孩在學校待一天是很疲乏的，像大人一樣，他們也需要有時間喘口氣，聚精會神地聽一個精彩的故事來娛樂一下。家長能夠幫助六歲孩子閱讀的最重要方法就是在家裡持續唸故事，特別是像這樣的作法，在某種程度上使孩子增加了和家長密切相處的愉悅，並使孩子回想起那不久以前充滿愉快和安全的嬰兒時

朗讀困難

　　朗讀困難的字面意思是「讀字的困難」，通常用來描述在學習閱讀上的特殊問題。在本義上，這是一個醫學術語，表示可能有生理上的原因帶來閱讀上的問題，在許多這方面的案例中已發現聽力困難是一個因素。然而，對於朗讀困難實際指的是甚麼以及它的特徵是甚麼，在醫學專家、教育專家和心理學家之間存在相當大的分歧。比如，倒著認字母或唸單字順序不對都被認為是朗讀困難的症狀，但是一些專家把這類特徵看成是正常學習的一部分，一些孩子常常堅持這樣做；有些心理學家則以為朗讀困難是情感障礙所

引起的問題。家長也許發現用「朗讀困難」這樣的術語來說明他們孩子的困難沒有甚麼不好，但如果「專家們」看來不能很快治好這種問題時，就可能引起家長的不安和失望。家長瞭解下列事實可能有所幫助：教育學家和心理學家對於「朗讀困難」這一術語以及它有多大作用這個問題有不同的意見。

數學

孩子在書寫和用故事來表達的能力上有所差異，同樣地，某些孩子似乎覺得學數學是一場持續的奮戰，而另一些孩子進入這一領域卻既輕鬆又自然。為甚麼會有這些令人困惑又不解的差別？

稍微想一想關於做算術的心智過程，想一想對於

一個正被要求以十分認真的方式來學習數字的六歲孩
子來說，這一過程在情感上意味著甚麼，可能會有助
於理解孩子的差異。數學概念會激起很大的焦慮，為
何如此？這仍然是個謎。一個原因可能是數字表示關
係。孩子必須學會以加、減、乘、除來改變關係，這
種新的能量可能產生了相關的焦慮。某些孩子有做數
學的意願，而另外一些孩子卻害怕做這種事，後者對
做數學會表現出很勉強或缺乏興趣。很多成人對於數

學會有同樣的憂慮並且偶爾會把這種情緒帶給孩子。

有位家長對孩子的影響由一位老師那裡得到證明，這位老師記得他班上的一個學生，雖然智力上沒毛病，但學習較差。令她吃驚的是這名學生在數字加減等方面卻顯示出預想不到的能力。她詢問這位學生，發現孩子的父親熱衷賽馬賭注，孩子耳濡目染父親計算賭注輸贏，贏多少，輸多少，在參加比賽的馬中除來除去等等。因此，等孩子長到六歲時，對數字早已很熟悉並且不怕計算了。

到了六歲，大部分孩子能夠理解數字的概念代表一群物體。五和十的數群比較容易理解，因為他們知道有五個和十個指頭。他們在幼稚園中很可能玩過與指頭有關的遊戲，像：「一二三四五，一條活魚被抓住」，或者「這頭小豬去市場」。「二」這個數可能最有其特點，因為家中有父親和母親兩個人，「三」會使

孩子想起父母兩人和一個孩子。

處在這個發展階段的孩子仍然趨向於具體的想像,這些想像參照他們隨時接觸的環境以及他們自己。一位母親津津有味地回憶起,她告訴女兒要搬房子並且他們需要她的幫助,她這個近六歲的孩子是如何飛快地向母親保證,她能夠幫著搬走門把,但是「爸爸能夠把這些門都運走嗎?」大人如此習慣於以隱含的意義來使用「搬房子」一語,以至於聽到孩子可能完全從字面上來理解「搬房子」時會大吃一驚。

太部分這個年紀的孩子常常分不清能力和力量的區別。有時可以聽見孩子談論幾百或幾千,這不是因為他們有一百或一千的概念,而是因為藉由這樣的談論,他們能夠感到數目字本身的大。

一個叫馬丁(Martin)的小男孩,正試著給老師描繪恐龍有多大,並且也竭盡全力讓老師對恐龍的大小留

下印象。他對恐龍長度有些遲疑，他計算著也許是三
公尺，四公尺或是五公尺左右，並設法給出一個最相
近的尺寸。然而，恐龍的高度對他實在是一個更大的問
題。他瞧瞧天花板，嘟起嘴唇努力想像恐龍應有多高，
最後他得出「高一百二十或一百五十公分左右」的結論，
這顯然使老師不知所措。馬丁的遲疑不決所反映出來
的不僅是比例上的錯誤，而是和他個子很矮這事有關。
他在班上是最小的一個，這使得他很不舒服。他自身
的高度和他渴望在老師面前顯得重要所構成的衝突，
似乎妨礙了他充分想像恐龍高度的能力。

67

父母如何幫助孩子？

在這套書裡我們已經詳細談到，你的孩子出生後

如何開始學習，以及如何繼續發展，這和孩子與父母、

家人的感情、矛盾衝突、關係等密切相關。現在，更

正規的教育由老師負責，家長常常為了如何以最好的

方式繼續幫助孩子而不知所措。教育方法已經發生很

大變化，如我們所見，這個階段的孩子是藉由做事情

來學習更多的東西：像畫畫，製作模型，用模型、小

木棍、容器來做算術，這就使父母難以直接進行幫助。

有時老師也擔心，如果家長在家中和小孩做太多工作，

他們將會給孩子增加壓力，從而引起孩子的煩躁和憤懣。既然如此，父母到底要怎麼做？當然，很重要的是要讓孩子知道父母對他們在學校裡所做的事情很關心，父母看到他們從學校裡帶回家的東西，比如圖畫、小設計、黏起來的模型、最近讀過的書，會感到很高興。如果孩子想表現一下自己書讀得有多好，那麼抽一點時間聽他們讀就很重要。繼續給孩子唸故事書，將使他們很容易對字彙和書籍產生熟悉感；同時，和孩子一起從事每天的活動，像買東西、燒飯、做木工等，將令他或她感到自己在顯示計算、稱重量、量尺寸等新得到的技能的樂趣。

很多學校會帶孩子到當地的博物館、美術館，或到公園領略大自然，但是最近由於經費緊縮以及人手不足，學校很難再提供這種「額外」活動。家長也可以藉由這樣的郊遊活動給予孩子很大的幫助。這樣做

不僅能使孩子感受到家庭旅行的樂趣，而且也增加了他們的經歷，而這有助於豐富他們在學校裡的學習，更有利於參與課堂上的討論。

學校的「對外開放夜」，不論是展出孩子的成果，或者是演出，對六歲孩子都是重大事情，因為他們都為之出過某一方面的心力。盡一切努力去參加（有時這是一種努力，特別是在工作一天之後的寒冷夜晚，或者必須使你做出特殊安排）將是對孩子很大的鼓勵，因為使他們知道，他們所花的努力已經得到注意和評價，這將增強他們繼續努力下去的自信心和動力。那些知道自己在學校裡所做的工作得到家長好評的孩子，即使他們的母親或父親並不完全懂得他們所做的一切，比起那些父母不屑一顧或父母太忙而沒有空參加的孩子，更可能感到愉快並且強烈希望做得更好。

第三章

新的關係

適應

如果一切進行順利，那麼現在你六歲的孩子將愉快地在學校裡安定下來，並開始適應學校提供的所有新東西。

家庭仍然是孩子牢固的情感基地，但他們的興趣中心正開始移到教室和操場這個令人興奮的世界。在六歲的孩子和老師及同學建立一種新關係時，他們從一歲起就與母親產生的分離持續發展。此後，孩子生活的空間不斷擴大，但父母被排除在外，他們所能做的僅僅是對孩子的生活略為一瞥。

這種轉移將要求孩子和父母之間在情感上作些調

整。這一階段，小孩子和父母感情聯繫的強度，隨著孩子自身某些原始情感的減少，會有質的變化。嬰幼兒時代的願望和憧憬，例如有時表現在一歲兒對將來有一天要和媽媽或爸爸結婚的強烈決心，孩子會慢慢意識到不可能實現，且克服失望感，他們可以很快地編織他自己的關係。

對父母而言，可能有一種「失去自己嬰孩」的強烈感覺，而這是矛盾和痛苦的。所有前進的步伐均牽涉到變化和失落感。現有地位的失去，原存關係的失去，一種原來存在並熟悉的生活方式，現在不得不放棄。在孩子上學後的頭幾年，家長必須要做的調整是他不再是孩子生活中唯一的權威和撫養者，特別是很多母親本身已經必然地被視作孩子生活的中心人物。對單身或離婚父母而言，這種調整可能特別困難。

一位母親回憶起，她是如何高興和小兒子大衛

(David)共享觀鳥的樂趣，她給兒子看鳥的圖片並和他一起叫出每一隻鳥的名字。兒子將近七歲的某一天，他回到家並宣布他不再對鳥感興趣。她帶著完全可以理解的失望和痛心，問兒子為甚麼，他回答：「不夠酷。」顯然地，在操場上談論某些事是「酷的」因此是「好的」，其他都不被肯定，就如和媽媽一起看鳥。

當然，還有另外的原因。就父母和孩子雙方來說，七歲的年齡伴隨著和家庭更大的分離，以及孩子興趣的愈趨多樣，會給他們帶來從嬰孩時期的懵懂狀態中解放出來的感覺。

正如這一過程的一部分，孩子多半把家和學校分開，並維護他們正努力處理的外界生活的隱私。當六歲的孩子流露出一種明顯的勉強情緒來談論學校裡的情況，父母時常表現出難過和惱怒。「他從來不告訴我任何事」是一種經常性的抱怨。當收集來的信息完全

是零時，這確實是一種打擊。「今天在學校裡怎麼樣?」「很好。」「今天你做了些甚麼?」「沒甚麼。」當然，出現這種情況也許有其他原因。你的孩子可能僅僅是累得要命，沒有詳細敘說的心情，因為在學校待一天下來會讓六歲孩子精疲力盡。孩子也可能出於這樣的認識：作為父母的有自己的個人生活，他或她是被排除在外的，他們也應有這樣做的權力。如果家中有弟弟或妹妹和母親在一起，孩子不願談論學校生活很有可能反映出他們嫉妒這種持續存在家裡的親密母子關係。如果你的孩子在學校裡碰到一些麻煩，而孩子不能夠或不願意談論它，你可能會注意到是吃飯或睡覺上出現的問題，或是一時的依賴。通常並沒有甚麼特別的事情發生，就你孩子而言，這不過是正逐漸認識到他或她必須自己面對問題。

　　對於大多數孩子，他們這些內心生活中的變化是

一陣一陣沒有規則的，就像他們在初學走路時所做的一樣，搖晃於自信和幼稚之間。要記住一點，六歲孩子的自信心尚未完全建立而且容易動搖。迄今為止大量直接朝向父母的強烈而狂熱的感情受到抑制，和同學、老師的關係就更加成為孩子生活的中心。

老師

當孩子的父母能忍受失去戀家孩子的悲哀，並且為孩子熱心於與外界接觸而高興時，對六歲孩子而言，快樂地在學校環境中安頓能給他一種興奮的自由感。在家中與父母以及兄弟姐妹的關係和經驗也會影響孩子與老師的關係。聽到一個六歲孩子無意中稱呼老師為「媽媽」是挺普遍的。這會令許多母親嫉妒而傷心，但

這也表明孩子確實感到在教室和在家裡是一樣的。

　　然而，當六歲大的孩子在學校裡安頓下來，他們也會感受到由於各種不同要求帶來的更大壓力感。老師和父母都認為上學的頭幾天或前幾個禮拜將是一段困難的時間，但當一年過去，大人們的態度起了些微變化。上學本身不再被看成是成就，現在希望有成果，對於學習應有更具目的的方法，孩子應受到更多的壓力。這種變化可能給孩子帶來一些焦慮，但如果做得巧妙而謹慎，也會鼓勵孩子更認真對待他們自己和學習。

　　此時，孩子開始遭遇到失敗和成功的可能。他們不得不接受這樣的思想：他們的進步和成就不是來自嬌慣他們的大人，而是來自他們自己的努力。為了符合課堂的規定，老師對於六歲的孩子有更多要求，而且因為每位老師會帶給他或她的班級不同氣氛，孩子

必須學會適應。因為這些原因，即使一位很和善的老師可能有時是嚴格或難以捉摸，即使在一個熱切要求進步的六歲孩子眼裡也是如此。

也許，孩子第一次真正遭遇到和老師有關而無法預料的外界世界，造成這年齡孩子的一種傾向：他們心目中相信老師是教室中的一個附屬設備，儘管她實際上生活在他們中間。正是如此他們才能夠想像老師「屬於」他們。六歲小孩看到老師在街上，或在超級市場裡，也許是和配偶或孩子一起會感到吃驚和激動，這是十分平常的事。這也許可以解釋為甚麼如果一個老師由於生病或生小孩沒來學校時，這一年齡左右的孩子會變得十分不安。這現象很明顯地發生在一個老師突然生病的場合，在緊急之中請了另一位老師來代課，而孩子並未被告知發生了甚麼事。隔週，有些孩子因無法解釋的肚子痛而缺課，一位母親被叫到學校

領她的孩子回家，因為孩子說自己頭痛並感到噁心。這的確十分引人注目，孩子的焦慮和突然失去安全感會以身體疾病方式表現出來。

大多數父母能充分注意到一個孩子換了一位老師能造成怎樣的混亂，恰如一個大人換了新的主管或同事。西恩(Sean)被發現是一個對上學感到很困難的孩子，他會纏著母親並且絕望地大哭，好像如果和母親分離他就會孤立無援，這的確讓母親覺得在早上離開他很難。西恩的第一個老師，碰巧是位男老師，是個耐心而通情達理的人，但也相當堅定地要使母親和孩子分開，儘管這花費相當多的時間。也許西恩的第一個老師是男老師的事實使事情變得更為困難。在這一年中，西恩和老師建立了很好的關係，儘管他在學校中的困難沒有完全解決，但他不願和母親分開這一問題有所緩和。然而緊接而來的是西恩不得不離開現在

的老師升一班，並建立新的關係，幸運的是學校和西恩的媽媽依然充分意識到他的困難，因此他們為其可能故態復萌做好了準備。他們也採取措施讓西恩為這變化作好準備，比如讓他知道誰會成為他的新老師，安排他和老師見面並參觀新的教室。西恩與母親分離產生極端焦慮的原因很複雜，可能無法完全理解。看起來重要的是，為了使這問題更易於處理，學校和西恩的媽媽要認真對待他的焦慮使之更易解決。

珍(Jane)在前面一本書中已提到，對她來說，變化和分離是一個問題。很典型地，六歲的她仍然無法在早晨離開媽媽安安靜靜地去上學。儘管她的母親已藉由和老師的談話得到證實，珍一旦到了學校一切都很好。看來珍正使其母親為自己如此狠心地送她去上學感到內疚，似乎她把珍送到一個可怕的地方而使珍很不快活。雖然珍的母親在某種程度上能理解女兒的行

為，但她有時還是會禁不住對女兒惱火，而這些時候，她的確是在發火的氣氛中送珍上學。好在珍的媽媽運氣不錯，有一個十分友善的鄰居，他的孩子也上同樣的學校並且實際上是珍的好夥伴，這位鄰居能夠進行安排，以分擔帶兩個小姑娘一起上學的擔子。

珍對上學所做出的這種反應對任何父母而言是常見的，並且任何父母都會惱火。在這種情況下，父母也很難繼續硬著心腸。如果珍的母親對女兒生氣太容易作讓步，從長遠看，她將無法幫助孩子克服以後離開母親和溫馨的家時所碰到的困難。有時這確實像是把一隻幼鳥趕出鳥巢。在這時，身為家長的困難之處在於必須判斷，甚麼時候把孩子推出門外會更好一些，甚麼時候應創造空間接納孩子可能有的依賴情緒。

如果孩子上學前在家裡與父母特別難分手就可能更難適應學校和老師。已經快七歲的阿里(Ali)，仍然

無法在學校裡安定下來，他的老師發現他特別難管理。他對老師富有攻擊性，對同學也是如此。他沒有朋友，精力不能集中，因此表現很差。他的雙親在對待他的問題上並不一致。他的母親馬西歐太太(Mrs Matheou)是個溫和的女人，她似乎不可能對兒子說個「不」，或者用任何方式阻止他。她好像非常擔心引起兒子生氣，總想利用討好、哄騙或給東西來使兒子做某些事情。阿里的姐姐常常被要求來幫助母親做這些事並且大多時候是毫無怨言的。馬西歐太太常常無奈又無辜地抱怨兒子從來不聽她的話。馬西歐先生不耐煩妻子的作法，並指出阿里從來沒給他添麻煩，這話倒有幾分真實。實際上，阿里十分害怕父親，儘管他父親從不大吼大叫，但看他一眼就能制住他。因此，馬西歐太太屢次在阿里不聽話時用他爸爸的嚴厲來嚇唬他。這很容易想到，若要讓阿里在學校裡服從常常是由女老師提出來的一

般要求該是如何困難。他不知道怎樣與老師相處，因為老師既幫助他又和善，但老師也堅持要他做功課和遵守校規。他也無法容忍和班級裡的其他孩子競爭，因為他已十分習慣任何事都優先於姐姐。

在這個介於家庭和外界之間的過渡階段，老師是個令人敬畏的人物。他們仍然是代表著安全和穩定。也許這就是為甚麼大多數孩子想表現特別來引起老師注意的原因之一。這是一個從家庭到學校的轉移，在家裡，兄弟姐妹競相獲取父親或母親的注意，而且暗地裡都想最受寵愛。但是現在希望成為老師的小乖乖就必須採用不同的方式，而且多多少少要受到抑制，因為孩子必須對許多同學讓步。與在家中有和兄弟姐妹共處經驗的孩子相比，獨生子可能感到做到這一點更困難。如果學生和老師之間，家長和學校之間存在良好的關係，那麼，孩子嫉妒和敵對的情緒將會被敬佩

老師的情緒所沖淡，因為老師是公認的知識豐富、善於助人的典範。

然而，孩子和老師是人，他們的關係不可能全是一帆風順。老師，孩子也是一樣，會有他們「不舒服」的日子，而忍受別人陌生的怪癖和個性也是學習適應環境過程的一部分。如果孩子和老師的基本關係是好的，就有可能安然度過感情受到的傷害，例如：孩子因老師太忙被忽視，甚至包括老師看起來暴躁，比平常缺乏耐心的日子，更為嚴重的是孩子和老師不能相處得很好的時候。如果發生這種事——這的確偶爾會發生——那麼，和孩子談話，努力找出毛病在哪裡，是否能給予幫助等，是十分重要的。同樣也很重要的是要和老師談一談，但是如果覺得這難度太大，那麼，去告訴學校的負責人可能是有用的。

當教室裡坐著來自不同種族和不同文化的孩子，

一個好老師會利用這種機會來豐富和擴大孩子對世界的知識。但是這種情況也可能帶來問題，尤其在父母

不會說英語或者家庭價值觀十分特別的家庭更是如此。大多數的教育部門提供翻譯者以資利用，而且對於家中不使用英語的孩子,通常都開設有特殊英語班。六歲孩子現在已經能充分意識到家庭和群體間的差異，包括在語言上、興趣上、宗教上的各種不同，而這經常恰好是做事方式上的差別。大部分老師盡力不

顯露自己在政治、種族、宗教上的態度，然而，一位老師絕不可能不經由自己的衣著打扮、說話神態或偶爾的述說來傳達自己的想法。而這個年齡的孩子馬上會從一位對於他們十分重要的大人身上認識到這些東西。

在處理所有這些問題時，有一點是很明顯的，即學校和家庭之間相互幫助、相互支持的雙向交流將大大提升你的孩子安定下來並且適應從學校生活中獲益的能力。正如作為家長的需要不時知道學校裡發生了甚麼事，作為老師的也需要瞭解家庭中發生的事情，因為這可能會給孩子的行為和學習能力帶來影響。

學校夥伴

　　如果站在小學的操場上，一個人馬上會為這一年齡的孩子是如何很自然地分成男女小組遊戲而吃驚。男孩子這一組正吵鬧地玩著「官兵與強盜」，伴隨著沙啞

的警笛聲和射擊聲，孩子們紛紛地逃跑或追捕。女孩子這組正在玩扮家家酒，一樣吵鬧不堪，而且還有為爭奪身分、角色而發出相當激烈的推撞。有一些中性的遊戲，像「木棒插在泥漿裡」或「捉迷藏」，在這些遊戲中，男孩和女孩可能會一起玩，但大體而言，這一年齡左右的孩子的確有自然的性傾向，當任其挑選時，他們會按自己的性別分組而玩。這種現象會在稱之為「潛伏期」的整個時期持續下去，直到青春期再次產生對異性的感情和興趣為止。

六到七歲孩子遊戲中的另一顯著特點，是花相當多的時間在建立遊戲規則和地位上，這一過程時常是遊戲的焦點。一位母親津津樂道地說，她看到自己六歲女兒和一個朋友玩造房子遊戲，他們為了決定電視機的天線放在哪裡、應該朝哪個方向花費了大量時間。為何這種小地方會很重要並不清楚，但這似乎顯示了

　　兩個女孩正在做的是如何進行協商、和解、解決敵對和協調各自的想法等等。

　　在「溫蒂宮的媽媽和爸爸」這一遊戲中，有一個很霸道的小女孩，在橡木上盪著鞦韆，堅持她要做媽媽或者是大姐，其他人被要求坐在倒著放的桌子後面當小孩，其中一個是「嬰兒」。在遊戲中沒有甚麼事情發生，除了「媽媽」或「大姊」是一個大聲下命令的獨裁專橫者。沒多久時間就產生了「擾亂」，扮演「嬰兒」的孩子顯然覺得夠了，有點想當「媽媽」。經過一陣爆發出來的大騷亂，一項不確定的協議產生，一位新的「媽媽」恢復了秩序。

　　我們從這些遊戲中可以發現甚麼？很顯然，激情四溢並且沒有一點「隱藏」。看來對於所有參加者而言都需要有機會充當一個強有力的人物。「母親」或者「警官」，在這種角色中，孩子能夠滿足操縱、控制朋

友的慾望。在女孩子的遊戲中，願意當一個吸吮大拇指的「嬰兒」，似乎是留戀嬰兒時代的一種表現，但當「嬰兒」受到太多限制不能做更多事時，這種想法很快被否定。這樣的遊戲也為女孩子提供了一個機會，她們可以安全地發洩對那些正得到母親特殊照料的真正嬰兒的氣憤和嫉妒，因為她們自己不久前不得不放棄了這一切。同樣引人注目的是這些「母親」或「警官」常常被扮演得很權威，幾乎很無情。在這類遊戲裡，孩子需要表達在這種權威支配下的不滿，但是在扮演這些人物的遊戲中，他們也正懂得他們自己專制、控制別人的願望以及怎樣在一個群體中克制這些情感。

這一年齡的孩子不僅開始按自己性別分為群體，而且是非常主動地這樣做，常常大呼小叫地把異性拒絕在外。

眾男孩們製作些甚麼？

蛞蝓、蝸牛和小狗尾巴，

這就是男孩子要做的；

小女孩們製作些甚麼？

糖果、香料和漂亮的東西，

這就是女孩子要做的。

女孩子說：「男孩子粗魯，會吵又髒。」男孩子則認為：「女孩子軟弱，很笨又喜歡哭。」急於躲入他或她自己的性別群體可能有讓孩子加強並展示認同群體成員身分的作用，而這可能也是一種方式，藉此把群體覺得不妥或者可恥的所有人格特點，以輕蔑的態度將之歸於異性。上面引到的這首著名的詩，就充滿著女性「沙文主義」，把所有「厭惡」的情緒都扔到男孩子身上，但是這些蛞蝓、蝸牛和小狗尾巴可能含有一種暗示，即女孩子意識到男孩子更為明顯的生殖器特徵和對之的警惕。

在這個年紀左右男孩和女孩開始出現的另一個不同，在於女孩之中有這樣的傾向，有了一個「最好的朋友」就把其他同伴排除在外，而男孩子似乎有「最好的朋友」， 但更經常有的是與群體聯繫在一起的朋友。這種友情有時會持續很長時間並且變得很強烈，兩個小孩會密不可分。有些小孩子的友情是時斷時續，儘管如此，可能還是很強烈。這種孩子在關係上的忽熱忽冷持續動盪不定，常常引得父母不知所措和反感。

男孩和女孩之間以及每個孩子之間的這些差異，在某種程度上是完全正常的，並且和孩子的性格有關。一個孩子，如果沒有朋友或沒有能力結交朋友，就不能和朋友一起以正常的方式安然度過關係的動盪期，那麼這孩子更令人擔心。這些孩子通常會在操場上被老師發現：他或她是不合群的「孤獨者」，或者是遭到其他孩子欺負的孩子。有時候孩子會試圖成為群體一員，

但他只會惹惱其他人，不然就是和其他人打架。可能有很多原因來說明為甚麼特定的孩子有這些問題，比如像被孩子所認同的文化或社會問題有時就是很簡單的原因。或者在孩子或家庭中有某種需要專門幫助的更深層原因。老師敏感度高的好學校將十分警覺地發現交友有困難的孩子，並且願與家長合作努力解決這個問題。但是也要認識到孩子通常是好交際的。因此，一個特別離群孤獨的孩子需要給予關懷和注意。

第四章

六歲孩子和
生活現實

　　六歲孩子發生變化的一個方式即他在表達對周圍世界關注的方式上的改變，他們較少用身體語言、手勢或行為表現的方式，而是用觀察、問題和思考來表示。這一年齡的孩子想知道、發現、探索並且想得到事物為甚麼如此以及怎樣的解釋。

　　馬克西姆‧高爾基(Maxim Gorky)在俄國世紀交替時，寫了一本書，叫《我的童年》(*My Childhood*)，在該書的開頭一章，他回憶起在同一時間親眼目睹父

親去世和弟弟出生所受到的精神創傷。後來，他參加了父親的葬禮，並且生動描述了五歲孩子眼中的那個場面。

我站在一堆滑溜的黏土上，往坑裡看下去，我父親的棺材已被放下去。坑底有很多水，還有幾隻青蛙，其中兩隻已成功地爬到黃色的棺材蓋上。外祖母、我，和一個看上去全身溼透的警察，以及兩個手拿鐵鍬，心情沈重的男子，一起圍站在墓的四周。一陣略感暖意的雨水像潤滑細膩的珠子，開始柔和地灑落在我們身上。

「填上它。」警察一邊說一邊走開去。

外祖母的淚水奪眶而出，她用圍巾掩住臉。挖墓坑的人彎下腰去，以很快的速度把土填到坑裡。泥土吸吮著坑底的水，青蛙從棺材上跳下來，試圖沿著坑邊逃出去，但是一堆土劈頭把牠們打了

回去……。外祖母用手牽著我，領我去遠處一個被一大群黑色十字架圍繞的教堂。

「你為甚麼不哭?」當我們離開墓地時她問我，「你應該哭。」

「我不想哭。」我答道。

「哦，如果你不想哭那最好不要哭。」她溫和地說。

後來我們乘四輪敞篷馬車沿街回來，十分泥濘的道路兩旁是一排排深紅色的房子。我問外祖母：「那些青蛙能逃出來嗎?」

「不，牠們不可能逃出，上帝保佑牠們!」無論是我的母親還是父親，從沒有用這種親密的口吻如此經常地提到上帝。

高爾基由母親和外婆領養，住在他稱之為「充滿相互敵意氣氛」的外祖父住處。那裡令他留下深刻感

受的只是寬大而慈祥的外祖母。外祖母和他睡一張床，並且回答他的問題，對他解釋他不懂的東西。

很幸運地，我們大部分的六歲孩子沒有如此殘酷的相同遭遇，但是上面的描寫展現了一個孩子對其身邊發生的事情的敏銳觀察力，他的脆弱以及被紛至沓來的大事淹沒的恐懼，恰如青蛙被泥塊所壓住。小孩子高爾基在問到關於青蛙的問題時，可能也想知道躺在泥土下面的父親到底是怎麼回事，透露出對父親不能再出來的絕望。

老人

對於這個年齡的孩子而言，全神貫注於一些生命的特殊問題，像年齡、死亡、生病是很正常的。類似

孩子從什麼地方來的問題通常在六歲前後早就被提出過，這一類的詢問現在將更深入，比如：「小孩是怎麼進入媽媽肚子的?」這將留到本章後面來討論。

六歲孩子有無窮的問題，有的容易回答，有的無法回答，有的使人為難，也有的令人尷尬。「為甚麼穆麗爾大嬸(Auntie Muriel)這麼胖?」一位母親記起當穆麗爾大嬸僅僅在外一閃而過時，她的兒子提出了這個問題。「為甚麼格蘭(Gran)長了這樣大的鼻子?」珍如

此問她的媽媽。媽媽解釋格蘭年輕時打網球跌傷了鼻子。這一解釋令珍百思不解，她想不出格蘭曾經年輕過還能打網球。這年紀的孩子對於他們的父母曾經也是孩子這一現實十分迷惑，並且開始能夠瞭解對祖輩們的關係和現實。父母孩提時期的照片對他們有強烈吸引力，這些照片可以幫助孩子更能理解人會變老以及時間會流逝。更能激起他們興趣的是曾經有一段時間他們並不存在的事實。在莎拉(Sarah)剛滿六歲時，她問母親，在她被生出之前她在哪裡。她母親回答，那時她只是一個小小的蛋。「不對，」莎拉堅持著，「我是說在生出來之前我在甚麼地方。」「唔，你是在……，唔，甚麼都沒有。」莎拉嚇了一跳，因為要她真正理解這件事實在太難了。

六歲半的露薏絲(Louise)被父母帶去看望她祖父、祖母的幾個年老朋友，這些人剛步入八十高齡。一開

始，露薏絲十分安靜和羞澀，但慢慢地，她低聲問父親，「她是否可以四處參觀一下這屋子?」這對老夫婦和善地同意了。當他們來到臥室時，露薏絲有點唐突地，問他們是否仍然睡在同一張床上，這著實讓她的父母驚慌不已。好在這對老夫婦知道露薏絲並不是魯莽無禮，而是真的對他們的生活充滿興趣和好奇。

在孩子眼中，老人令人敬畏。老人身體方面的特點將馬上得到注意，因為這與孩子自己的身體差別是如此大，以至於孩子對去接近一個年紀很大的人會表現得很不情願。

前述提及大衛到了兒童指導診所(Child Guidance Clinic)，因為他看來無法和老師或同學建立關係。他是個聰明的孩子，但他與周圍斷絕了來往，好像生活在自己個人的世界中。在治療期間的某一天，他進來並且與治療醫生站得很近，他注視著醫生的頭髮。當

醫生問他正在看甚麼時，他回答他正在想醫生是個老人，因為她已經有了灰白的頭髮。在接著的一次治療中，醫生在大衛把一些東西用繩子捆起來之後，和他談論到一些事情，也包括人，是怎樣互相結合在一起的。大衛再一次走過來緊挨著醫生站著，這一次是緊緊盯著醫生的臉。他對這位女醫生說，他正在想她是個老人，但是是從不同方面看出來的。當醫生問他是甚麼意思時，他說醫生有皺紋，而人老了才會出現皺紋，青年人沒有。關於這個交流真正觸及到的是，在大衛注意到他與醫生間一種真正的不同，並且正和她談論的時候，大衛也正和她發生聯繫，正如他在繩子遊戲中和繩子的聯繫。

談論死亡

　　祖父母生病或死亡，會使孩子對自己的父母可能會死產生極大的好奇和擔憂。通常這麼大的孩子無法想像自己的死亡。在某一親人去世，感情受折磨的時候，去面對與這心膽俱裂事件有關的問題是困難的。許多六歲孩子有時能很快意識到甚麼時候能問問題，甚麼時候不能，但是大人不願回答這樣的問題，或者拒絕談論死者，可能使孩子感到大人不想讓他們知道這些，或者不想讓他們感染悲哀。父母常常為了是否應讓這種年齡的孩子去參加一個葬禮猶豫難決，也許因為他們相信讓孩子目睹父母或其他大人哭泣或悲傷是

不大好的。如果死者是親密而親愛的親戚，像祖父母，那麼孩子無疑會感到，剝奪他參加葬禮的機會是件殘酷的事情。

認為這年齡的孩子在這種大事發生時「並未注意」是絕對錯誤的。大部分父母希望看到他們能成長為善解人意的孩子，讓他們參與不幸的家庭事件，像有人去世或生重病，甚至讓他們給悲傷的父母親一些安慰，將有助於孩子感到他們的參與和貢獻是重要的和值得的，而且也能使他們感到他們自己與死者或病人的關係得到家人的承認和嚴肅對待。

有時，孩子對於像死亡這種特殊事件的好奇心似乎是由憂慮感而產生，這完全有可能是看了電視上的某些內容或者聽到家庭以外的甚麼人去世而受到的刺激。教室裡的寵物，通常是一隻腮鼠或天竺鼠，是討論並且發現「出生、結婚和死亡」這些問題的主要根

源。當小動物不是一下子死去時，也許孩子會更大膽

地提一些問題，像「一個人死掉時看起來是甚麼樣子?」或者「當他們埋在地底下時會發生甚麼事?」等等。整體而言，盡可能坦率而誠實地回答這類問題是明智的。

一位母親因六歲的女兒珍妮(Jenny)不斷提出一堆問題而張口結舌。珍妮是按照這樣的思路來發問的，「當妳死了，誰將擁有我們的房子?」或者「當妳死了，可以把妳珠寶箱裡那枚很大的黃色胸針給我嗎?」幸運

的是這個媽媽還有點幽默感，儘管她坦承為女兒老是想到她死而有些不快，更別說為珍妮明顯的功利態度感到吃驚。這看起來很可能是珍妮用自己的方式，試著控制內心關於她所愛的母親會死去的焦慮，但是在某種程度上也可能是在試探母親對這種問題的反應。當然，就像所有的小女孩，珍妮也有可能和母親有一種作對情結，會有一種強烈慾望認為完全擁有父親對她就足夠了。

生病

　　如果家裡有人得重病，比如癌症，得病的是父親（母親）、哥哥、姐姐或者堂（表）兄弟姐妹，那麼，甚麼時候該告訴六歲的孩子？告訴他們多少？許多父

母都被這個問題所困擾。有一種作法可以肯定地說是不好的，那就是保持一種所有事情都完全正常的假象，而實際上並非如此。如果孩子已準確地感覺到發生了甚麼事而又不斷地遭到否定，他們會變得心煩不安。他們可能普遍地對大人產生不信任感。更嚴重的是，他們會懷疑自己觀察和理解事情的能力。為了對大人的話表示認可，孩子感到被迫作假並且不公開心裡的想法，這有時會導致孩子在其他方面的求知慾受到抑制。在這種情況下，孩子也將慢慢以為家裡沒有友好的耳朵願意傾聽疾病帶來的痛苦和煩惱。

　　父母對於這種事採取保密的工作是有多種原因的，也許是誤以為這樣可以避免孩子產生不必要的煩惱。然而他們也可能必須自己反省實際上是否是為了要免去正視孩子的苦惱，以及他們自己的苦惱。從長遠來看，對孩子儘可能承認事實的真相，並且營造一

種使孩子感到只要自己願意就可以無拘無束地問問題的氣氛是有益的。如果碰到像癌症這種一般的例子，診斷結果難以斷定，那麼如何回答不只是孩子，而是每個人腦中都有的問題，的確是很困難的。比如：「媽媽或爸爸會死嗎?」僅僅說「是。」看起來勢必太殘酷或太直接，即使實際上是真的；如果你事實上並不知道結果如何，說「不，當然不會。」這樣的回答又太虛假，並且許了一個你無法兌現的諾言。在這種悲傷的情境中，也許父母最好的做法是承認他們自己難以斷定以及自己的希望，這樣，當孩子需要表達自己的意見時會有所幫助。

性和生育

　　幼兒對人體特徵不同的好奇心是明顯的，甚至在蹣跚學步的時期，這可以在洗澡的時候或者看彼此小便的時候看出來。儘管有時看來早了點，但在六歲這一年紀，孩子時常更為認真地探究彼此的身體。「醫生和護士」的遊戲永遠是滿足這一種好奇心的有效方式，或者像「野人」和「觸摸小雞雞」的遊戲也是如此。有時候這樣的行為是正常的，多半不值得大驚小怪。如果一個孩子看起來不斷地或是沈溺於這樣的行為並且使其他孩子驚慌不安，那就有理由好好關心一下。

　　對父母來講，如何應付他們的孩子探求有關性的

問題是一個永久性難題。「嬰兒是從哪裡來?」之類的問題可能早已被提出，直到現在為止像「孩子是從媽媽肚子裡長出來。」等等的回答已經足夠了，但是現在，孩子對於那些回答早已不能完全滿足。孩子必定會有自己關於性交是甚麼的理論。的確，他們大概是不知不覺中知道，並且想藉由問問題，開始尋求證實以及有關訊息。但是他們的看法可能受到扭曲，有時扭曲得令人好笑，也許是根據想像它應該是怎樣而來的。有一位父親想起，他把他的兩個孩子放到床上，一個四歲，一個六歲，其中四歲的孩子問，小孩子是怎麼進入媽媽肚子裡的。父親支吾其詞地答說改天再告訴他。四歲小孩仍然堅持著問，他六歲的姐姐用疲乏的聲音說:「爸爸，我們可以告訴他，否則他會沒完沒了地問下去。」然後她給弟弟提供了自己的解釋，「爸爸餵媽媽吃一些東西，我不知道是甚麼，但是裡面有大

量的纖維。」

　　這個四歲的小男孩會選擇睡覺時間作為向父親提出這一問題的時機，恐怕不是一個巧合。上面提到過的珍妮，由於高燒臥床休息。在這期間，她獲准睡在父母親的床上。有一次，因為她一直吵，她父親於是偷偷逃到她的空床上睡了一覺。就在這個她與母親得以親密相處的時候，也許是她想到自己睡在父親這個位置上，珍妮就問媽媽，為了生孩子，她與爸爸一起做了甚麼。她的母親僅僅依照她認為珍妮所想知道的東西回答，並沒有說得更多，留著等珍妮自己去想，如果她願意的話。珍妮沈思了一會說：「可是在妳結婚時不會那樣做，因為這實在粗魯無禮，是嗎？」當孩子問起性的問題時，許多父母會感到困窘而猶豫不決，也許這是因為這與他們自己的性生活十分貼近，無庸置疑地，他們懷疑他們的小孩對性有強烈的好奇心。當

你的孩子在問這些問題時，毫無疑問，他不僅僅想瞭解情況，他或她也試圖搞清令人不快的疑問，媽媽和爸爸可能在床上起勁地做這種事。由實際經驗而得出的一個好原則就是稍微提及，就像珍妮的媽媽的做法，並且簡單地解釋一下性交期間發生些甚麼。如果這些就是孩子想知道的，那麼就適可而止；如果孩子想知道更多東西，他自己會問。對孩子直率、誠實是重要的。據平常的觀察，如果你編造故事，六歲孩子很快便會發現。然而，尊重孩子的隱私並且避免對其過度坦白也很重要。讓孩子知道太多的訊息可能會引起孩子的不安和窘迫，並且導致以後不願問更多問題。有些事對於這一年紀孩子的心靈來說過於強烈，難以處理，比如讓他們親眼目睹父母性交或小孩出生，他們需要被保護以免受這類事情的驚擾。

魯賓遜太太 (Mrs Robinson) 是一位獨自撫養兩個

孩子的母親，在孩子還很小時就與丈夫離了婚。她的生活很艱難，而她相當依賴她的大兒子——西蒙(Simon)，有關生活細節都和他講並且很相信他。西蒙對此有這樣的反應，他似乎成為一個相當成熟的小男孩，但同時也有煩惱的症狀，像尿床以及發現難以和同一年齡的孩子處得好。當西蒙大約七歲時，他開始向母親提出一連串問題，大多有關性、嬰兒和月經。魯賓遜太太感到十分慌亂，因為他總是在不適當的時間問這些問題，像在超級市場排隊等候算錢時，或在公車上。在問這些問題時，西蒙顯得蠻橫又難纏，魯賓遜太太對於如何處理這種事感到十分迷惑。如果她回答了他，西蒙一定會問得更多，她感到自己很生兒子的氣，因為兒子令她這麼尷尬。在這些場合中，看起來西蒙主要不是為了獲取資訊，而是更願意與母親做點甚麼事，使母親感到不快或生氣。當魯賓遜太太試

圖回答西蒙的問題時，又覺得有違自己的正確判斷，而這樣會使事情更糟。也許西蒙真正尋找的是從母親身上得到一種肯定的回答，他可以一直等待直到恰當時機——那時母親可以表現出面對西蒙的侵犯行為時對她自己的保護。母親長期以來把西蒙看成是自己的陪伴或伴侶可能使幼小的兒子興奮地感到自己希望除掉父親並擁有母親這一想法可能會實現。但是西蒙的焦慮也表現他感到和母親處於這種關係的不舒服和可怕，因為他不能得到一個屬於孩子的足夠空間，免受母親及成人需要的影響。

另一個孩子的出世無疑也會激起好奇和疑問，不僅包括嬰兒從哪裡來，而且也包括在子宮裡面如何長大，怎樣吃東西（食物和餵食永遠都是年幼孩子最先想到的），在子宮裡做甚麼等等。他們將因感覺到嬰兒又動又踢而著迷不已。當出生日子變得接近時，他們

對於孩子和母親健康的擔心與著急也可能增加，儘管這些擔心所表現的方式會使大人吃驚。一位父親想起和他的兩個孩子談起即將出生的孩子，當時一個四歲半，一個六歲，一開始，嬰兒大部分的時間是睡和吃，幾乎一點也不會打擾他們，接著父親要自己的孩子為困難的日子做準備，因為再來嬰兒就會爬來爬去亂動他們的玩具，對於他們而言更是一個討厭的傢伙。談話中斷了一會，六歲的孩子問道：「這小孩有頭嗎?」在這節骨眼，六歲孩子顯然更擔心那嬰兒出生時將是一整個肉塊。

危險

　　怎麼樣保護孩子免受危險對父母來說總是一個憂心的問題，尤其現在孩子正在愈來愈具危險性的世界中爭取更多的獨立性。孩子的確必須學習對付車流眾多的街道，而六歲孩子將以父母為學習榜樣。這個年紀的孩子沒有能力準確判斷迎面而來的汽車的距離和速度，也不能指望他在看到一個最好的朋友穿過馬路，而急於追趕時能夠小心翼翼，他們很可能將任何現實和危險的意識拋之腦後。

　　幾乎說都不用說的是，應該提醒這一年齡的孩子不要上陌生人的車，或者和不認識的人走。如何做到

這一點而又不會太大驚小怪，這是許多父母自問的問題。嚇唬一下可能比不嚇唬要好一些，如果這將使你的孩子更記得需要小心以防止步入危險的環境中。一個孩子能夠對別人似乎是很善意的禮品或糖果贈與說「不要」是十分重要的，這就是說當孩子對一個大人

不禮貌時不必過分擔心。一個小孩如果在家庭裡有過投「反對票」或提出拒絕的經驗，而這些不同意見被認真對待，那到了六、七歲時，這孩子會自信和自如

地表達喜歡和不喜歡。同樣地，這樣的孩子將能夠懂得，在家庭裡面適當的身體接觸並不一定適合較陌生的人，並且懂得再說一次「不」。

虐待兒童

近來，虐待兒童的新聞非常多，可能比我們所能夠想到的更平常。令人不安的是，小孩子的身體很吸引人並且令人禁不住要抱一抱，父母藉由緊緊擁抱和親吻撫愛小孩來表達自己的愛意並沒有甚麼不對，也很自然。家長因為怕做得太過分或者被稱為濫情，而抑制這種愛的表達方式，這會令人感到傷心。但在家庭裡面的確發生這樣的事情，即一個受到親人嚴重干

擾的孩子處於一個難以忍受的境地，他也許覺得無法說出他的害怕、罪惡感或忠誠感。更為常見的是孩子藉由心情和行為的變化來表達苦惱和混亂，而這些變化常常是相當驚人的，從滿意、輕鬆到淚眼汪汪、發怒或退縮。學校老師可能注意到這個孩子的功課顯著惡化，或者對其他孩子表現性行為。認真對待這種現象並且努力去尋找原因是重要的。和孩子的老師或校長進行一場充滿信任的談話也許有所幫助。大多數的地方當局擁有可提供專業援助的兒童保護團體及兒童指導服務。

上帝住在哪裡？

藉由他們在學校獲得的經驗，六歲的孩子可能開

始認識到宗教信仰具有許多形式，其他孩子的經驗恐怕和他們自己的有天壤之別。

在英國大部分的學校中，宗教形式是義務的，儘管學校在接納不同種族背景的孩子時會給予通融。現在，孩子必須學著接受人們相信的東西相當不同這個事實，並且在這一階段，藉由與那些對他們最重要的大人，孩子發覺父母和師長對信仰的東西有截然不同的觀點，孩子由此觸及這個問題。大多數這一年紀孩子的父母將會發現有某些難以回答的問題，諸如「你相信上帝嗎?」或「上帝看起來像甚麼」。向父母提出這一問題的部分原因，來自孩子對父母應該懂得任何事情的堅定期盼，同時也來自父母縈繞於心，想要做一個和上帝一樣全知的人的希望。

宗教問題強調情緒的實際,這是巨大焦慮的根源。大人們爭執不休（常常是全球性而且異常激烈的）上

帝存在的可能性和原因，在六歲孩子看來是無法理解的。對孩子來說這問題多半落實到「我站在誰這一邊?」（這也是這年紀的孩子在遊戲中一個非常明顯的特點）。在這之中，孩子需要得到父母和老師的認同和接受，而父母和老師很有可能持有不同的宗教觀點，因而這一問題馬上會產生衝突。在這之下將觸及到更深層次的衝突，比如，這個年紀的孩子在他們的世界中真正需要的是內聚力、一致性和穩定性。六歲孩子圍繞這些意見所產生的過多的問題，反映出對差異的焦慮，以及在心中作試探或分類的建設性願望。

幻想和神話故事

一個小孩子的生活裡沒有幻想和神話故事是不完

整的。幻想和神話以各種不同的方式表達出他們的內在現實、希望、恐懼和失望。在這一年紀，神話世界和真實世界距離不太遙遠，因為孩子才剛剛開始分辨故事裡的真實和外在世界裡的真實。「聖誕老公公」和「牙齒仙」的神話是有趣的，許多父母不願破壞這幻想。也許這些人物代表著理想的父親和母親可以給予孩子任何想要的東西，而不要求任何回報，而真正的父親或母親不能滿足孩子所有希望，並且強制孩子接受規則和限制。大多數六歲的孩子能明白聖誕老公公和牙齒仙實際上不存在，然而仍一直保留著這一幻想，因為對父母和孩子來說，這很有趣。他們似乎具有一種非凡的能力，可以在同一時間既相信又不相信。孩子在戲院或電影院裡會變得十分興奮，有時感到害怕，因為演出會和現實混淆起來。一個父親回憶起他兒子的六歲生日舞會，他為孩子們安排木偶戲演出。戲臺

和木偶是玩具，父親本人很明顯地就站在戲臺後面操

縱木偶，但是當故事展開時，這無論如何都無法分散

張大嘴巴看戲的孩子的注意力，並且當戲劇不得不被

打斷一下時，孩子會激動地大叫起來。

第五章

六歲孩子和
日常生活

湯普森太太(Mrs Thompson)有三個孩子，伊莉莎白(Elizabeth)將近八歲，查理(Charlie)六歲，恰好上小學一年級，克洛伊(Chloe)兩歲半。當她去學校接孩子時，伊莉莎白是蹦蹦跳跳地跑出來，頭髮亂糟糟地，並且如此熱衷於和自己最好的朋友講話，以至於沒有注意到母親和嬰兒推車中的克洛伊正在等她。相反地，查理出來時是迫切地尋找母親。他一見到母親臉色就變了，用一種不快的神情瞥了一下克洛伊，開始氣呼呼

地要求現在就喝桔子汁。湯普森太太解釋她沒有帶桔子汁，但等他們回到家時他可以喝一些。這看來對查理沒有效，他逐漸變得眼淚汪汪並且發脾氣。湯普森太太哄不住他，開始對查理的悲傷感到煩亂和內疚。查理繼續哭著要桔子汁，這一點小事預示著將演變為一場徹底的吵鬧。湯普森太太開始覺得怒氣上升，同時也為兒子的壞脾氣感到慚愧。回家的路上就充斥著這種不快與煩惱。

這樣的情況持續了一個多禮拜，現在湯普森太太一點辦法都沒有。她知道查理在學校裡表現得很好，並且逐漸適應他的男老師。老師向湯普森太太保證查理的功課以及和其他孩子的關係都不錯，雖然他在班級中算是一個安靜含蓄的孩子。他們一回到家，每個人都有了桔子汁和餅乾，查理又重新恢復了好心情，舒坦地和伊莉莎白一起看電視。然而，湯普森太太一直

覺得查理令她疲於奔命。她也為家中在傍晚團聚時氣氛不愉快，每個人都變得緊張而感到不舒服。期中假期快到了，她必須計畫好怎樣安排孩子，才能使她至少可以空下一點時間做自己的事。查理一定會要求這禮拜由他們帶教室裡的腮鼠，以前他們帶過腮鼠，這回的確輪到其他人帶腮鼠。湯普森太太想起她的鄰居史密斯太太(Mrs Smith)，她的女兒和查理同班，但是史密斯太太的丈夫最近離開了家，她的日子艱難，而眼前湯普森太太最不需要的東西，就是教室裡的寵物。湯普森太太坐著喝茶並享受著安寧和平靜，此時孩子都在看電視。她仍然因為查理而感到十分生氣，並且很不願意養腮鼠。她決定明天去學校時帶著桔子汁和點心，也許可預防查理再次大發脾氣。

　　大多數有年幼小孩的父母對湯普森太太所碰到的這種天天發生的難題將不陌生。擁有性情相當不同的

瞭解你六歲的孩子

孩子，如伊莉莎白和查理，若再加上家庭繁雜的事務，就會出現如何應付他們不同需求的問題。甚麼時候該對小孩「讓步」，甚麼時候該優先考慮孩子的心境和喜好，這是有小孩的父母都為之傷神的兩難問題。

分居和離婚

在前面的章節中，我們主要從父母雙全的家庭背景來考察六歲孩子的世界。當然，上面的這些看法總體上適合小孩的情況，但是，考慮當父母關係破裂，就如湯普森太太的鄰居那樣所引起的痛苦情境，看來也是重要的。最近的報告顯示四分之一的孩子在年滿十六歲前經歷過單親情況。查理班上就有好幾個孩子父母已離婚。湯普森太太記得有一回她自己的婚姻正步

入一個困難時期，幾乎要離婚，經過努力他們已經破鏡重圓，但她十分清楚地知道史密斯先生和史密斯太太的情況，她的家常常成為史密斯家兩個孩子伊蓮(Elaine)和湯姆(Tom)的暫時避難所。

一個父母雙全的家庭，且兩人關係非常好，性生活也很和諧，這樣的家庭能使孩子得到更多的安全感。基本上能相互支持並且婚姻幸福的父母，和那些充滿敵意而且互相感到不滿的父母比較起來，將更能處理好孩子的情緒起伏。小孩子會感到相互支持的父母能夠保護和支持他們。這個經歷在孩子成長和成熟，以及逐漸形成他們自己的關係的過程中會有所幫助。

然而，實際上這樣的安全感並不可能總是存在的。婚姻或夫妻關係常常破裂到不得不分居或離婚的地步，有時候這可能對每一個人都是最好的解決辦法，如果家庭中的形勢已變得無法忍受。的確，生活在痛苦

和敵意氣氛中的小孩子，像他的父母一樣，當父母終
於分開時會有相當的解脫感。無論這種敵意是在公開
的大聲吵鬧中表達出來，還是在冷戰中掩蓋著，機警
的六歲孩子在關係糟糕的父母發生任何實際的分離
前，就能覺察到這一點。

伴隨著父母分離，孩子的生活會發生深刻變化，
包括他們對父母各方的關係本質的變化。通常的結果
是失去一方（常常是父親），有時候需要搬家，並且經
濟狀況很可能起變化。

當父母分居時，伊蓮和湯姆分別是六歲和九歲。
他們的父親史密斯先生在發現妻子有外遇後離開了
家。當史密斯先生花大量時間工作，試圖在工作中振
作精神，獨自打發這多餘的兩年以前，關係已經一度
緊張。他在家時，常常分身乏術，一副疲憊。史密斯
太太漸漸覺得孤獨，留下她獨自照管這座房子和孩子。

儘管史密斯太太放棄了與情夫來往並且試圖和丈夫重歸舊好，但史密斯先生覺得深受傷害。他們最終決定離婚。史密斯先生搬到了單身公寓，史密斯太太和伊蓮、湯姆留在原先的家裡。因為情緒高昂，所以離婚是激烈的，史密斯先生感到由於妻子不忠實而蒙受欺騙和屈辱，史密斯太太則為自己試圖改正過錯遭到嚴屬拒絕而生氣。在安排史密斯先生看望伊蓮和湯姆的問題上發生了難堪的爭吵，此事又被孩子對父親離開他們所作的反應搞得複雜。特別是伊蓮，她被發現難以接受正在發生的這一切，因為年紀較小，她不可能對情況的複雜性瞭解得像湯姆一樣清楚。她與父親特別親密，事實上完全是「爸爸的丫頭」。但她很長時間拒絕去看父親，這使史密斯先生非常悲傷和煩惱。從伊蓮的觀點來看，她可能認為父親離開是錯誤的，因為他拋棄了她。她也有可能感到失望，因為父親沒有

做到一個父親應該做的，把所有事處理好。就史密斯太太而言，她必須忍受伊蓮的怒氣和煩躁，而當她自己不得不調整由於離婚所帶來的不快和傷痛時，要做到這一點尤其困難。湯姆則以不同的方式來處理此事，在伊蓮激烈地爆發怒氣時，他變得冷靜和退縮。他的功課一度惡化，但隨著時間過去，他與父親見面的安排確定下來後，他的功課又恢復往常。他看來也是藉由變得更加投入自己的活動，特別是所喜愛的足球，來驅散心裡的不快。

離婚的父母有時捲入紛爭，陷入到不幸婚姻的痛苦中，以至於他們發現滿足孩子的感情需要變得異常困難。這可能驅使他們在孩子面前表現得若無其事，這也許是因為他們感到內疚，並且為離婚行為的後果所擔心，而相信藉由這樣可以免除孩子的痛苦。史密斯太太和史密斯先生曾經一心一意對待孩子，但到了彼

此的感情極端暴躁和怒氣沖天的時候，他們都敏感地意識到那種利用這個或那個孩子以懲罰和貶低對方的誘惑。類似於伊蓮的小小孩，在父母離婚時會感到害怕和迷惑，因為他們的忠誠被撕碎了。他們覺得受到家庭事變的影響，他們尚沒有能力去思考父母關係的複雜性。在這不愉快的期間足以幫助伊蓮的一件事，是她和湯姆的關係很好，這使他們多多少少可以互相安慰。

如果關係已破裂到連協商孩子利益的友好基礎都不存在，那麼外界的幫助可能是重要的。許多地方法庭扮演調停的角色，其目的主要是解決孩子的需要等此類實際問題，像是處理與小孩子會面的安排。地方兒童指導服務與聯繫機構亦能讓處於戰爭中的父母有機會與中立的第三者討論這些現實問題。有一些可利用的書可以幫助父母思考相關問題，其中的一兩本將

列於此書之末。

　對於像伊蓮這樣的六歲孩子，比起她的哥哥湯姆，更加難以理解父母離婚的長遠意義。但不是所有小孩的反應都像伊蓮，有一些小孩會努力使他們自己以及周圍的人相信家裡沒有甚麼事，試圖以此應付他們的恐懼和焦慮，這可能會導致一種虛假獨立性，而引起更深的恐懼。在這樣的非常時刻，父母可能一直隱藏真相以保持家庭的和平氣氛，伊蓮對其父母離婚的反應是比較坦率，她似乎明白她為何而生氣並且能夠公開表達出來。某些六歲孩子發現這樣做有困難，而寧願用其他方式表露自己的感情。

　由於這一年齡的孩子仍然依賴父母，因此對於將發生在他們身上的事情，他們感到害怕。如果父母能夠公開說明他們不能再很好地相處在一起，將會減輕一些孩子的不安。如果父母一方已經離開了家庭，相

當重要的是不要閃爍其詞或者編造像「爸爸去度一個很短的假期」的故事來矇騙孩子。用簡單的方式說出實情將有助於祛除孩子的不安，使之知道他們被認真對待，他們的幸福和感情沒有被忘記。

無論離婚的情況如何，都無法逃離痛苦的事實：離婚勢必引起某些不安和混亂。的確，一個看起來沒有受到任何影響的孩子更有可能引起煩惱。讓孩子的老師知道家裡出現問題，將能使她理解孩子的行為可能存在的不安。

如果父母婚姻破裂，不知為甚麼，小孩子幾乎總是覺得是他們的錯。關於這點，他們需要更多的解釋以安下心來。他們也需要知道，父母雙方至少在愛他們上仍然是一致的，並且在某種程度上能夠為他們的幸福一起努力。同樣也要讓孩子知道，愛父母中的一方並不表示恨另一方，這將有助於一個孩子分別保持

對父母的忠誠。在這一點上非常重要的是，必須拒絕像史密斯太太想作的那種誘惑，使孩子厭惡、對抗對方。

從學校帶東西回家

在本書的大部分篇幅，我們一直討論關於六歲孩子把早期經驗帶入學校和朋友的更寬廣世界中。但是現在，人們勞動、經驗和觀察的成果被帶回到家裡來，以期得到進一步評價和酬賞。說得白一點，這也許意味著你廚房的牆上、衣櫥上以及冰箱門上將被五顏六色的圖案、花紋所裝飾。窗櫺或餐桌上，可能積聚著壯觀的建築物。它們由硬紙板、玉米包和捲筒衛生紙製成，並插入衛生紙或通心麵，然後用膠水黏在一起。

你的裝飾罐裡可能裝滿了玻璃珠和撞碎的七葉樹果 ——
以前遊戲和收集所遺棄的剩餘物。一個熱切的六歲孩
子小心收集起來的炫麗的聖誕卡或復活節卡，比起商
店裡買來的卡片，更能讓一位自豪的家長感到無盡的
滿足。眼前孩子的收集熱可以說是和滿屋子的雜物與
廢棄的玻璃彈珠沒有甚麼區別，每件收集品都是「卓
越的」、「絕妙的」、或者可以稱為「垃圾」，而最近聽
來的廁所笑話也被咯咯地笑著談論。

我們也見到，查理是如何把他因疲乏而生的脾氣帶回家給媽媽，好像他恰好勉強應付了學校裡的一天，然後似乎需要讓所有的挫折和緊張全發洩到母親的膝蓋上。一個家庭，特別是母親，提供了一個可以用特殊和熟悉的方式來鬆緩一天所受的重壓的主要場所。

金肯斯太太 (Mrs Jenkins) 想起女兒曼蒂 (Mandy) 和她班上的一個朋友有過怎樣困難的時期。這朋友把曼蒂丟在一邊，自顧自加入另一團體。有一天晚餐時，曼蒂宣布她不再和她做朋友，而且很明顯地，曼蒂心裡相當煩亂。金肯斯先生以同情的口吻談論起工作中一位他不是很喜歡的主管，金肯斯太太也加入話題，在她上班時她與一位同事也有一些問題。然後全家開始想像有一個可怕的晚宴，所有這些有問題的人都被請來。當孩子想到把恐怖的食物盛到盤裡給他們吃時，大家都笑了。到晚飯結束時，曼蒂高興多了，也許她覺

得在不得不應付這種問題時不再孤單，而她家裡的人能夠理解她是如何想的。

在學校裡的頭幾年，年幼的孩子結交朋友，並且明白其他戶人家的表現和自己家人的表現截然不同。當他們到朋友家去玩，他們會感受到不同的氣氛，注意到他們的父母對孩子的態度和期望。前面提到過的小男孩查理，與班上一個亞洲來的男孩成為朋友，有一天放學後他上他家玩。當他回到家時他非常安靜，最後他告訴母親不願再去阿里家了。當被要求說出原因時，他說因為「阿里家的氣味很怪。」湯普森太太鬆了口氣，因為這沒有甚麼嚴重的事。他向查理解釋香料和咖哩粉，而有一天他們可能會帶查理出去吃咖哩飯。當查理想到如果阿里來到他的家中可能會有相似的反應時，查理也吃了一驚。

你六歲的孩子將如查理一樣，會帶很多新的經驗

回家，並會開始比較和提出問題：為甚麼事情在他家是那樣。一個最使父母尷尬的問題是，有時你的孩子想要擁有和他的朋友帶到學校裡一樣的東西。如果這只是一袋玻璃珠之類的東西，事情還容易解決，但是今日這東西很可能是價格昂貴的玩具，像電腦遊戲，或是一整套辛蒂娃娃！對大多數父母而言，經濟狀況將有助於決定這種問題，但可能也有其他不太明顯的因素使得他們說「不」，或讓孩子等到聖誕節或過生日。這也許只是有一點模糊感覺，覺得「這要求不對」或「這東西對孩子不一定好」。凱蒂(Katy)今年七歲，正向父母大施壓力，要求她的房間裡要有一臺電視機，當父母不同意時，她說：「瑪麗(Mary)的爸爸媽媽讓瑪麗有一臺。」這是你的孩子慣常使用多種手法導致一遍又一遍發生的棘手情況。瑪麗的父母被誇耀成真正「好」父母時，凱蒂的爸媽就是「吝嗇」的了，其矛盾就在

於到底是盡力和人家比閣氣還是堅持自己要做的事。關於這問題，凱蒂的父母繼續對凱蒂說「不行」，雖然凱蒂極度埋怨了好幾天「這不公平，而且他們的房間有電視，為甚麼我就不可以？」

當然，有時當孩子對父母指定的一些規則或禁令提出挑戰時，他們有點理由使父母不得不重新考慮孩子的嚴厲批評，並且估量一下是否是他們自己無理或專制。

A. A. 米爾恩的兒子，原名克里斯多佛・羅賓 (Chrlstopher Robin)，在他寫的父親的傳記中描述了一件有趣的事情，當時父親正努力使年幼的兒子在飯桌上變得有禮貌。他告訴兒子滿嘴嚼著食物時，不要拿著刀和叉朝上，他問爸爸「為甚麼不可以？」A. A. 米爾恩在各方面都不是一個教條主義者，他不過是根據大家所說的罷了，而此時他不知道怎樣回答這個很有

道理的問題。最後他借助了幽默，他回答：「好吧，某個人可能會從天花板上掉落下來，並且掉在你的叉子上面，這總不太妙。」

電視和電腦遊戲

且不說經濟原因，凱蒂的父母不允許房間放一臺

電視，因為他們擔心女兒沈溺於電視而不願意做其他事。與此相同的擔心亦延伸至電腦遊戲上。當電視和電腦在我們生活中產生巨大作用時，對於大多數父母而言，這的確令人擔心。在六歲以前，孩子除了短時間外，似乎不會被甚麼特別吸引住，因為他們的注意力是游移不定的。但到了六歲，電視病菌勢必襲擊，孩子變得更想坐在那裡看遍幾乎所有的電視節目。我們看到，查理和伊莉莎白從學校回到家，是如何沈醉於電視機前。和大人一樣，孩子在學校勞累了一天之後，需要一些時間放鬆一下，看電視給他們一個鬆弛的機會。麻煩在於當他們看來不情願做任何事之時，或者離開電視又去玩電腦遊戲。毫無疑問地，對於一個繁忙或疲乏的母親，當需要使孩子安靜下來時，電視可以是很好的幫手。然而，有時候這很容易使你讓孩子長時間坐在電視機前或玩電腦遊戲，而這會阻礙社會

性活動的進一步發展，這也是孩子變為某種「迷」的
危險起源地。父母如果願意鼓勵並且參加孩子的活動
和遊戲，並且堅持孩子能看多少電視，孩子較不會成
為電視迷。

　　常常令父母擔心的不僅是年幼的孩子看多少電視
的問題，還有他們看甚麼電視的問題，例如明顯的暴
力和性愛鏡頭。凱蒂的父母覺得，如果凱蒂房間裡有
臺電視機，她可能會寧願獨自看而不是和全家人一起
看，而且他們也會對凱蒂看甚麼節目沒有太多控制權，
在深夜更可能如此。

　　圍繞在這的還有很多看來沒有正確答案的煩人問
題。小孩子應該看新聞中可怕的饑荒鏡頭嗎？在警匪
片中開槍打人是家常便飯，有時甚至作為正當的事情
來表揚，小孩子觀看這樣的片子不會有任何害處嗎？
這些片子比起似乎更多人看的西部牛仔和印第安人的

片子還要差嗎？如果孩子們看性交鏡頭真的會出麻煩嗎？

無疑地，有一類極端殘酷暴力或性愛的片子，這種片子對孩子的刺激太強烈，他們無法應付，因此孩子需要受到保護免受其害。然而，也有很多地方的界限不是十分清楚。《湯姆和吉瑞》(*Tom and Jerry*)這部卡通片是極度的暴力片，許多孩子愛看並且似乎對暴力不太注意，而另外一些孩子卻感到慘不忍睹。古典片《笨伯》(*Bambi*)使得大多數孩子，常常也包括他們的父母，感到心驚肉跳，這對一些很小的孩子來說太過恐怖了，以至於看得淚眼汪汪。這看來的確回到這樣的觀點上，即孩子在界定使他們恐懼和混亂的事物方面差別非常大，《湯姆和吉瑞》以及《笨伯》都是卡通片，因此顯然不是「真」的，但對於這一年紀的孩子，這並沒有甚麼很大的不同。也許令人不安的事件

和場景會在不同孩子身上引發不同的原初情感。很多
六歲孩子的父母知道，跟隨著恐怖的電視節目或錄影
帶而來的是失眠和夢魘。當一個孩子有某些內在的不
安和憂慮，尤其當這些感情由強烈而又難以推測的原
因引起，或者源於孩子自身的怒氣，而這一切又是被
生動的畫面所激起，這時更可能發生此類情況。

規矩

父母訂下的規矩需要變化，因為六歲孩子發展了
自己對於甚麼是對的和可以接受的分辨意識，而變得
更有能力控制他們的破壞力或與社會利益相悖的衝
動。相當小的孩子很快就能領會並記住父母規定的界
線。當一個爬行的孩子去動電插頭並且回頭望母親時，

我們就能看到這種情況，顯然他意識到這是他已被告知不能動的某樣東西。然而，這個年齡的孩子仍然需要家長的干預以加強控制和教養。一個三歲的孩子將會很老練地意識到甚麼是可以做的。溫頓(Winton)一家和表兄妹們一起過聖誕節，因而房子裡有很多小孩。七歲的表哥山姆(Sam)得到一張一英磅紙幣的禮物，然而這張紙幣不見了。萬分緊急！「哪個人看到山姆的一磅紙幣？」所有的孩子都被問了一遍，當問到三歲的瑞

秋(Rachel)，她用力地搖著頭，但隨後又十分不安地加上一句：「它不在我的玩具抽屜裡！」紙幣還給了山姆並且重歸平靜。說瑞秋「偷」了山姆的錢幣是太過分了，但她已經開始有了我們稱之為對自己所做之事的是非感。這種來自於父母早期嚴格要求的是非感，經過發展將有助於瑞秋慢慢訓練自制力。一般來說，如果一個六歲孩子受過父母必要時的嚴格要求，同時又有相當程度的自由來表達自己的希望，而這些希望能獲得別人認真對待，這將十分有利於使一個六歲孩子在更為嚴格的學校世界裡感到自在而不受拘束。

參考資料

☐ *Thinking about Infants and Young Children*, Martha Harris, Cluny Press, Perthshire, 1983

☐ *Divorce and Your Children*, Anne Hooper; Robson Books, London, 1990

☐ *Surviving the Breakup*, Judith Wallerstein and Joan Berlin Kelly, Grant McIntyre, 1980

☐ *The Role of the School in the Libidinal Development of the Child*, Melanie Klein, in "1921–45 Contributions to Psychoanalysis" ,Hogarth Press, London, 1948

協詢機構

□中華兒童福利基金會臺北家扶中心

(02)351-6948

臺北市新生南路一段160巷17號

□臺北市私立天主教附設快樂兒童中心

(02)305-8465, 307-1201

臺北市萬大路387巷15號

□臺灣世界展望會

(02)585-6300 轉 230~231

臺北市中山北路三段 30號 5F

□財團法人中華民國兒童福利聯盟文教基金會

(02)748-6006

臺北市民生東路五段 163-1號 3F

□財團法人臺北市友緣社會福利事業基金會

(02)769-3319

臺北市南京東路 59巷 30弄 18號

□財團法人臺北市覺心兒童福利基金會

(02)551-6223, 753-5609

臺北市中山北路二段 59巷 44弄 3號 1F

□財團法人臺北市聖道兒童基金會

(02)871-4445

臺北市天母東路 6-3號

□臺大醫院精神科兒童心理衛生中心

(02)312-3456 轉 2390

臺北市常德街1號

□中華民國兒童保健協會

(02)772-2535

臺北市忠孝東路四段 220號 8F

□中華民國兒童保護協會

(02)775-2255

臺北市延吉街 177號 8F

□中國大陸災胞救濟總會臺北兒童福利中心

(02)761-0025, 768-3736

臺北市虎林街 120巷 270號

□財團法人中國兒童福利社（附設諮詢中心）

(02)314-7300~1

臺北市中正區武昌街一段16巷 5 號

三民書局在網路上 與您見面囉！

從此您再也不必煩惱買書要出門花時間
也不必怕好書總是買不到

有了三民書局網路系統之後
只要在家裡輕輕鬆鬆
就好像到了一個大圖書館

全國藏書最齊全的書店
提供書籍多達十五萬種
現在透過電腦查詢、購書
最新資料舉手可得
讓您在家坐擁書城！

● 會員熱烈招募中 ●

我們的網路位址是http://sanmin.com.tw

做孩子一生的朋友

~親子叢書系列~

———— 父母的成長從瞭解孩子開始 ————

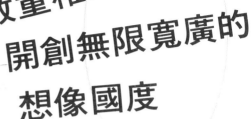

釋放童稚的心靈

開創無限寬廣的

想像國度

■中英對照

伍史利的大日記
─ 哈洛森林的妙生活 I、II ─

Linda Hayward著

本局編輯部　譯

趁著哈洛小森林的動物們正在慶祝
著四季的交替和各種重要的節日時
，讓我們隨著他們的腳步，一同走
進這些活潑的小故事中探險吧！

活潑逗趣的精彩內容
讓您回味兒時的點點滴滴

— 給大孩子們的最佳獻禮 —

※中英對照

100％頑童手記
陸谷孫譯
Wilhelm Busch著

且看頑童又會想出什麼惡作劇的點子？惡作
劇的下場將是如何？七個惡作劇故事的連綴
，將有您想不到的意外發展……

非尋常童話
陸谷孫譯
Wilhelm Busch著

由中、英兩種語言寫成流暢的雙行押韻詩，
串連起一篇篇鮮活的「非尋常童話」。

發現圖書的美色 孩子們假期裡的新鮮事

—簡明的文字
精美的插圖
最受孩子們歡迎的
故事書—

~救難小福星系列~

Heather S Buchanan著
本局編輯部編譯

①魯波的超級生日
②貝索的紅睡襪
③妙莉的大逃亡
④莫力的大災難
⑤史康波的披薩
⑥韓莉的感冒

• 三民兒童讀物伴您和孩子度過成長歲月 •

繽紛的童言童語 —

照亮孩子們的詩心詩情

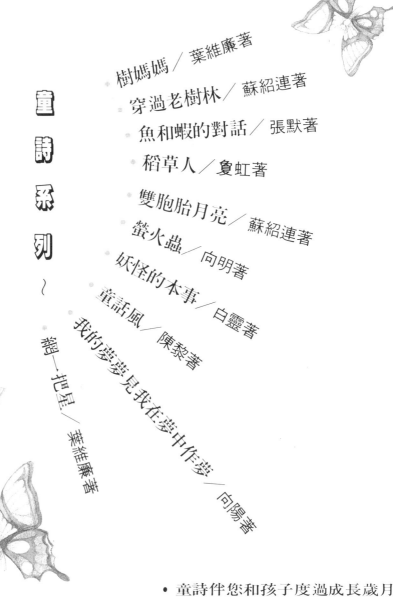

童詩系列～

• 童詩伴您和孩子度過成長歲月

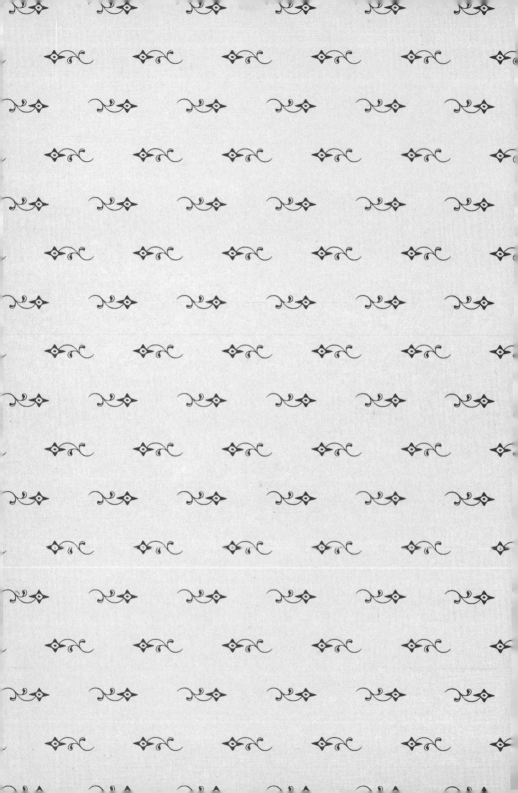